Purdue University
Monographs in
Romance Languages

Volume 15

CLAIRE-LISE TONDEUR

GUSTAVE FLAUBERT, CRITIQUE
THÈMES ET STRUCTURES

JOHN BENJAMINS PUBLISHING COMPANY
Amsterdam/Philadelphia

GUSTAVE FLAUBERT, CRITIQUE

PURDUE UNIVERSITY MONOGRAPHS
IN ROMANCE LANGUAGES

William M. Whitby, General Editor
Allan H. Pasco, Editor for French
Enrique Caracciolo-Trejo, Editor for Spanish

Associate Editors

I. French

Max Aprile, Purdue University
Paul Benhamou, Purdue University
Gerard J. Brault, Pennsylvania State University
Germaine Brée, Wake Forest University
Jules Brody, Harvard University
Victor Brombert, Princeton University
Ursula Franklin, Grand Valley State College
Gerald Herman, University of California, Davis
Michael Issacharoff, University of Western Ontario
Thomas E. Kelly, Purdue University
Milorad R. Margitić, Wake Forest University
Bruce A. Morrissette, University of Chicago
Glyn P. Norton, Pennsylvania State University
David Lee Rubin, University of Virginia
Murray Sachs, Brandeis University
English Showalter, Rutgers University, Camden
Donald Stone, Jr., Harvard University

II. Spanish

J.B. Avalle-Arce, University of North Carolina
Rica Brown, M.A., Oxon
Frank P. Casa, University of Michigan
James O. Crosby, Florida International University
Alan D. Deyermond, Westfield College (University of London)
David T. Gies, University of Virginia
Roberto González Echevarría, Yale University
Thomas R. Hart, University of Oregon
David K. Herzberger, University of Connecticut
Djelal Kadir II, Purdue University
John W. Kronik, Cornell University
Floyd F. Merrell, Purdue University
Geoffrey Ribbans, Brown University
Elias L. Rivers, SUNY, Stony Brook
Francisco Ruiz Ramón, University of Chicago
J.M. Sobré, Indiana University
Bruce W. Wardropper, Duke University

Volume 15

Claire-Lise Tondeur

Gustave Flaubert, critique: Thèmes et structures

CLAIRE-LISE TONDEUR

GUSTAVE FLAUBERT, CRITIQUE

Thèmes et structures

JOHN BENJAMINS PUBLISHING COMPANY
Amsterdam/Philadelphia

1984

Library of Congress Cataloging in Publication Data

Tondeur, Claire-Lise.
  Gustave Flaubert, critique.

(Purdue University monographs in Romance languages, ISSN 0165-8743; v. 15)
Bibliography: p. 115
1. Flaubert, Gustave, 1821-1880 -- Knowledge -- Literature. 2. Flaubert, Gustave, 1821-1880 -- Correspondence. 3. Criticism -- France -- History -- 19th century. I. Title. II. Series.
PQ2250.T66   1984   843'.8   84-24466
ISBN 0-915027-00-3 (U.S.)
ISBN 90-272-1725-4 (European)

© Copyright 1984 - John Benjamins B.V.
No part of this book may be reproduced in any form, by print, photoprint, microfilm, or any other means, without written permission from the publisher.

A Philippe

Table des matières

Note bibliographique . . . . *xi*

Avant-propos . . . . *xiii*

Commentaires critiques 1

I. Les Critiques 1

    Flaubert trouve les critiques professionnels incompétents et néfastes — veut écrire lui-même de la critique équitable — n'écrira jamais les œuvres critiques projetées — la *Correspondance* reste la source de ses commentaires critiques

II. La Correspondance flaubertienne 2

    Champ de la question et problèmes de méthode — à qui et quand Flaubert envoie ses lettres — problème de la sincérité, de la diachronie/synchronie (en quoi ce sont de faux problèmes facilement résolus) — réactions critiques

Première partie: Théorie esthétique 9

    Caractère essentialiste de la pensée flaubertienne — ses principes esthétiques sont centrés sur quelques idées principales

Chapitre 1. Fatalité de l'Art 11

    fatalisme ⟨ malédiction — isolement — indépendance
                   être choisi — être d'élite — pureté

Chapitre 2. Vrai et Beau.................................... 14

    Vrai — vraisemblable — vérité — réalité — recherche de l'universel — optique

    Beau — exclusivisme — inaccessibilité — but de l'art — harmonie — calme — universalité — excès — fanatisme

Chapitre 3. L'Art comme éthique............................ 22

    Vrai = bien — pouvoir purificateur — moralité intrinsèque de l'Art ≠ art moralisateur

    prostitution ⟶ art utile — mission sociale
               ⟶ suivre goût du public
               ⟶ journalisme

Chapitre 4. Style.. 30

    Style rend art possible — décrire en suggérant (sans commentaires mais descriptions précises) faire voir = faire vivre — liberté des personnages: leur rôle dominant — langage différentié entre narrateur/personnages — continuité par le style — importance primordiale de la composition, plan, structure — "fil"/"perles" — moyens techniques: concision, densité, homogénéité (unité de ton + métaphores rigoureuses) — relief, rythme, couleur — style = bien écrire, élément éternel — style = c'est tout — forme et fond inséparables

Chapitre 5. Mystique de l'Art............................... 39

    Art = religion
    Art > religion

    Art = sacerdoce ⟶ purificateur — prêtre, amazone
                  ⟶ martyre/extase ⟶ sainteté, jouissance
                                ⟶ angoisse

Chapitre 6. L'Art, but suprême 45

    faire rêver — illustration
    voyage

ironie — distanciation (rire)
but suprême
Idée (prend la place du Bien chez Platon)

Deuxième partie: Attitude critique 51

Rarement un jugement littéraire mais des réactions tempéramentielles — critique basée sur des critères existentiels — profusion de thèmes critiques groupés par paires oppositives — réactions fondées sur une série cohérente d'oppositions binaires

Chapitre 7 53

	travail acharné		
	persévérance		facilité
LABEUR	labeur atroce	TALENT	inspiration
	souffrance		abondance
	masochisme		écrire vite

Chapitre 8 58

	courage		
	franchise		pose
CŒUR	authenticité	ESPRIT	inauthenticité
	originalité		dandysme
	révolte		conformisme

Chapitre 9 62

	violence		eau
	sang		anémie
	cheval		langueur
FORCE	génie	FAIBLESSE	lyrisme
	impersonnalité		confidences
	froid		émotions

Chapitre 10 74

	résistant		
	marbre		mou
DUR	diamant	LIQUIDE	larmes
	solidité (nature)		dilution
	haine		suintement

Chapitre 11				77
EXAGERATION	fanatisme exaltation excès colossal enthousiasme	SUBTILITE	goût finesse maniérisme	

Chapitre 12 83

COHERENCE	harmonieux dense condensé généralisation calme	DESINTEGRATION	fragmentation relâchement dissolution	

Chapitre 13 86

MALE
 (le principe mâle
 englobe toutes les qualités
 décrites dans cette colonne)

FEMELLE
 (le principe femelle
 englobe tous les défauts
 énumérés ci-dessus)

Chapitre 14 96

ARTISTE
 (participe des
 qualités mâles)

POETE
 (est la quintessence
 des tares femelles)

Conclusion: Théorie et pratique 99

Appendice: Tableau des correspondants 103

Notes 111

Bibliographie 115

Note bibliographique

Les citations de la *Correspondance* de Flaubert sont tirées de l'édition des *Œuvres complètes* de Flaubert, éditées par Maurice Bardèche et publiées, en seize volumes, par le Club de l'Honnête Homme, en 1971-75.

Les chiffres romains indiquent le tome, les chiffres arabes la page. La second série de chiffres renvoie à la date de la lettre (si celle-ci est connue), jour, mois, année, s'il y a trois chiffres; mois, année avec deux chiffres. Un seul chiffre indique que seule l'année est connue. Les citations tirées des œuvres de Flaubert (non de la *Correspondance*) sont données dans la même édition.

Avant-propos

La *Correspondance* de Flaubert, considérée par de très nombreux écrivains et critiques comme l'une des plus importantes de la littérature française, est depuis longtemps une source privilégiée pour étudier la vie du romancier ou approfondir la connaissance de son œuvre. Une grande partie des ouvrages sur Flaubert consacrent quelques pages, à la rigueur un chapitre, à son esthétique, mais rares sont les critiques qui se soient penchés sur le problème de Flaubert critique littéraire, si ce n'est pour nous donner un résumé,[1] plus ou moins détaillé,[2] des commentaires critiques que Flaubert rédige à propos d'autres écrivains. Personne ne tire de conclusion d'un tel panorama. *Flaubert et la création littéraire* de P. M. Wetherill[3] fait exception. L'auteur de cet ouvrage aboutit par contre à la conclusion que le caractère de Flaubert est "trop paradoxal et illogique," que la *Correspondance* est "trop privée et incomplète" pour permettre d'établir "l'unité de la pensée flaubertienne."[4]

Mon propos est d'interroger cette *Correspondance* pour mettre en évidence les structures qui sous-tendent l'œuvre critique de Flaubert. Bien que celui-ci rêve toute sa vie d'écrire des ouvrages critiques qui seraient à l'écoute de l'œuvre, il n'en rédige aucun. La *Correspondance,* par contre, fourmille de commentaires sur d'autres écrivains, particulièrement sur ceux du XIXe siècle. L'opinion qu'il exprime à leur propos est plus révélatrice; car elle est moins soumise aux goûts et aux normes imposés par l'éducation qu'il les ait intégrés ou non. Ces commentaires sont la seule critique qu'il ait jamais écrite. On y trouve rarement des jugements littéraires en tant que tels, mais plutôt des réactions de tempérament utilisant un langage très personnel. Une lecture minutieuse de la *Correspondance* permet de déchiffrer ce langage métaphorique. Ce sont même ces images, très nombreuses dans la *Correspondance,* qui trahissent les véritables critères dont se sert Flaubert dans ses commentaires critiques. Ces remarques apparemment jetées en vrac et qui ne semblent se référer à aucun système cohérent; si on les lit selon l'optique d'une thématique obsessionnelle, finissent par révéler leur unité imperceptible au premier abord. On prend conscience que malgré leur profusion les thèmes critiques flaubertiens sont basés sur des critères qui peuvent être réduits à une série cohérente d'oppositions binaires. Quant au credo esthétique, tel qu'il est professé dans la

Correspondance (avant tout dans les lettres de 1852-53 adressées à Louise Colet), il est centré sur quelques idées fondamentales empruntées aux modèles classique et romantique et qui ne varient que très marginalement au cours de la vie du romancier.

Malgré les boutades, les réactions d'humeur, l'aspect parfois paradoxal et contradictoire de ses remarques, la pensée critique de Flaubert s'avère cohérente et récupère même en grande partie les théories esthétiques que le romancier avait préconisées. Un déchiffrement des mots clés, une lecture des obsessions thématiques à l'écoute de l'inconscient du texte permettent d'établir, à partir de noyaux fondamentaux, une unité esthético-critique chez Flaubert.

Les éditeurs de la correspondance flaubertienne ont pendant longtemps censuré dans les lettres de Flaubert les phrases qui leur paraissaient choquantes et les expressions scatologiques particulièrement nombreuses lors de la jeunesse du romancier. On ne trouve le texte authentique des autographes de Flaubert que dans la *Correspondance* établie par Jean Bruneau et publiée dans la collection de la Pléiade. Mais seuls les tomes I (1830-50) et II (1851-58) ont paru. L'édition des *Œuvres complètes* de Flaubert, en 16 volumes, éditées par Maurice Bardèche et publiées en 1971-75 par le Club de l'Honnête Homme est par contre complète et elle donne le texte intégral de toutes les lettres actuellement connues dans les tomes XII, XIII, XIV, XV et XVI. Cette édition s'avère donc la seule édition à utiliser en attendant la parution des autres tomes de la *Correspondance* dans la collection de la Pléiade.

Commentaires critiques

I. Les Critiques

Flaubert trouve les critiques professionnels incompétents, très souvent même néfastes car ils appliquent des critères sans rapport avec l'œuvre; soit totalement étrangers à l'œuvre, tels les critères moraux, soit imposés de l'extérieur, c'est-à-dire basés sur des règles, de la grammaire ou de l'histoire, au lieu de s'occuper de l'œuvre en soi. Aussi le besoin d'une critique compétente et équitable se fait-il sentir. Flaubert par conséquent voulait rédiger lui-même une œuvre critique qui eût été "ouverte," renonçant à ses sympathies et à ses haines, parce qu'il "faut savoir admirer ce qu'on n'aime pas" (XVI, 353, 18-4-80),[1] comme il le recommande à une correspondante.

En 1853 il explique à Louise Colet que "la critique est une chose toute neuve à faire." Treize ans plus tard, il reparle de cette "critique artiste" centrée sur l'œuvre en soi, à sa confidente du moment, George Sand. Il compose en pensées plusieurs livres sur la critique et en parle souvent dans sa *Correspondance*. Il projette d'y travailler pendant sa vieillesse lorsque l'inspiration créatrice sera tarie. "Quand je serai vieux, je ferai de la critique; ça me soulagera, car souvent j'étouffe d'opinions rentrées" (XIV, 428, 5-7-68). Il s'agit de l'*Interprétation de l'Antiquité* et de l'*Histoire du sentiment poétique en France* (XIII, 420, 12-10-53), dont il parle à Louise Colet en automne 1853. "Il faut faire de la critique comme on fait de l'histoire naturelle, *avec absence d'idée morale*. Il ne s'agit pas de déclamer sur telle ou telle forme, mais bien d'exposer en quoi elle consiste, comment elle se rattache à une autre et *par quoi* elle vit" (XIII, 420). Flaubert envisage aussi, entre 1852 et 1856, dans ses lettres à Louise Colet et à Bouilhet, d'écrire une grande histoire de la critique qui se réduira plus tard à un projet de trois préfaces, une à une édition de Ronsard qu'il aurait dû faire avec Bouilhet et où il aurait exposé l'histoire littéraire et l'évolution de la poésie. Une deuxième préface aurait servi d'introduction au conte romain de Bouilhet, *Mélanis*, et une troisième de livre de vengeance où il aurait prouvé l'insuffisance des écoles littéraires. Aucun de ces projets n'a été réalisé. Il a écrit une seule préface, pour les poésies posthumes de Bouilhet, les *Dernières Chansons*, où il défend son ami et leur idéal littéraire.

Selon Flaubert, on devrait être capable d'écrire soi-même pour écrire de la bonne critique, sinon on en fait par besoin de dénigrer. Il reproche aux critiques d'abaisser à leur niveau les grandes œuvres au lieu de s'élever jusqu'à elles et il les méprise de ne pas être des officiants de l'Art pur. "Mais quand vous ferez de la critique," écrit-il à Amélie Bosquet, "par humanité tâchez un peu de hausser vos lecteurs jusquà vous, au lieu de descendre jusqu'à eux" (XIV, 212, 9-8-64). Il déteste les feuilletonistes dont les articles dans les journaux littéraires ne font que refléter l'opinion d'une coterie, qu'étendre la polémique d'un clan, sans prétention à la vérité ou à la sincérité. Les collaborateurs de journaux, ayant leurs favoris et leurs ennemis personnels, seraient incapables de jugement littéraire. Flaubert prétend que ne deviennent critiques que ceux qui n'ont pas pu devenir écrivains. A très peu d'exceptions près, les journaux lui paraissent des paradigmes de la bêtise et de l'impudence, et à de nombreuses reprises il s'irrite violemment contre eux. Il n'a, par exemple, qu'une piètre opinion de Cuvillier-Fleury ou de Saint-Marc Girardin qui font alors figures d'autorité. De ce dernier il écrit entre autres: "C'est bon à connaître pour savoir jusqu'où peuvent aller la bêtise et l'impudence. Voilà encore un de ceux auxquels j'aurais fait arracher la peau et couler du plomb dans le ventre, pour leur apprendre la rhétorique" (XII, 463, 16-9-45). Aux collaborateurs de la *Revue des Deux Mondes,* il voue une haine farouche et ne cite jamais Saint-René Taillandier, Buloz ou Planche sans les traiter de "bourgeois," d'"imbéciles." Marc-Fournier, Buloz, Villemessand, Girardin ne sont que des "coquins heureux. ... [des] gens qui ont le plus avili de choses" (XVI, 191, 16-4-79). Seuls Sainte-Beuve et Taine échappent à cette condamnation sommaire. Il finit par les apprécier et les considère comme des critiques compétents mais il leur reproche leur point de vue extra-littéraire. Pour Flaubert, la critique moderne a abandonné l'Art pur au profit de l'histoire et ne fait plus cas de la valeur intrinsèque de l'art, seul critère adéquat pour lui (XIII, 420/21, 12-10-53).

Mais si Flaubert n'a jamais écrit ces livres de critique qu'il projetait, nous avons dans sa *Correspondance* une source inépuisable d'opinions critiques car il lut toute sa vie et commenta ses lectures, souvent abondamment à ses amis et confidentes. C'est donc la *Correspondance* qui finalement récupère cette critique jamais élaborée.

II. La Correspondance flaubertienne

La *Correspondance* de Flaubert comprend aujourd'hui, dans l'édition des *Œuvres complètes* de Flaubert éditées par Maurice Bardèche et publiées en 1971-75 par le Club de l'Honnête Homme (tomes XII à XVI), 3.762 lettres, qui s'étendent sur cinquante années, d'une note de vœux à sa grand-mère le premier janvier 1830 à une missive à Maupassant le 3 mai 1880, cinq jours avant sa mort.[2] Des premières lettres à la dernière, il fait constamment des commentaires littéraires. Déjà à neuf ans (décembre 1830) il parle à son ami Chevalier de ses projets d'écriture. "Je t'en veirait aussi de mes comédie. Si tu veux nous associers pour écrire moi, j'écrirait des comédie et toi tu écriras tes rèves" (XII, 328, 31-12-30). Dès 1832, il s'occupe assidûment de littérature, annonçant à Chevalier qu'il prend des notes sur *Don Quichotte* et qu'on va publier son éloge de Corneille. Et jusqu'à sa mort il fait part à ses correspondants des jugements qu'il porte sur les œuvres d'autrui. C'est ainsi que quelques jours avant sa mort, dans une lettre à Mme Régnier, il commente *Les Folies de Valentine,* pièce que l'auteur vient de lui envoyer (XVI, 360, 2-5-80).

Dès qu'il abandonne ses études de droit (en janvier 1844), il se met à lire énormément et jusqu'à son voyage en Orient en 1849 il fait de vastes lectures. Il est alors question dans ses lettres presqu'exclusivement de ce qu'il est en train de lire. Ensuite quand il ne parle pas de son travail, des difficultés quasi insurmontables qu'il rencontre, il fait à ses correspondants des commentaires sur ce qu'il lit. Bien qu'il travaille, dès l'automne 1851, d'une manière acharnée à *Madame Bovary,* il continue à s'adonner à la lecture et explique à Louise Colet comme il aime lire chaque soir un classique avant de s'endormir. Il érigera cette "habitude religieuse" en principe et recommandera plus tard à sa maîtresse de s'habituer à relire sans cesse les maîtres dont le commerce ne peut lui être que bénéfique. A cette même époque, lorsque chaque dimanche, il reçoit à Croisset son ami Bouilhet, les deux écrivains partagent leur temps entre la correction de leurs manuscrits respectifs et la lecture des classiques, tels Ronsard, La Fontaine, et ils se communiquent leurs réactions. Pour Flaubert, lire et écrire ont toujours été très étroitement liés. De nombreuses années plus tard, il conseille la lecture comme remède universel à Mlle Leroyer de Chantepie, l'enjoignant souvent de se familiariser avec les grands maîtres ou de lire telle nouveauté.

Avec *Salammbô* commencent les vastes lectures de documentation et il deviendra de plus en plus systématique, se voulant toujours plus encyclopédique. Il est peu à peu submergé par ces préparatifs. Les 2.000 ouvrages qu'il assimile pour écrire *Bouvard et Pécuchet* ne lui permettent plus que de lire les dernières parutions de ses amis. Il se plaint d'ailleurs de la quantité d'œuvres que les jeunes lui envoient en lui demandant des conseils et qu'il lit toujours attentivement et auxquels il répond promptement et avec soin. Par conséquent, vers la fin de sa vie, il n'écrit plus qu'aux auteurs pour les remercier et les féliciter de leurs œuvres, leur adressant parfois des reproches de détails.

La *Correspondance* de Flaubert, dans sa forme publiée, constitue un document précieux mais aléatoire en ce qui concerne la critique flaubertienne. Les difficultés proviennent de la nature même d'une correspondance. Il s'agit d'abord d'un ouvrage imprimé malgré l'auteur et en le publiant on en fausse en quelque sorte le contenu car ces lettres n'étaient faites que pour celui à qui elles étaient adressées. Il est clair que pour Flaubert ces missives n'étaient pas de la littérature mais un moyen de converser avec ses amis après une longue journée de travail, par compensation à sa solitude. D'ailleurs pendant ses séjours à Paris, dès 1856, les lettres sont très rares. Ses réceptions le dimanche dans son appartement, sa participation aux dîners Magny dès l'hiver 1862, lui permettaient l'échange littéraire dont il avait besoin. Aussi sont-ce les périodes où il s'isole complètement à Croisset, comme entre septembre 1851 et l'hiver 1856 pour la rédaction de *Madame Bovary* ou après 1870 pour *Bouvard et Pécuchet,* qui sont les plus riches en correspondance. Le problème crucial du style ne se pose pas pour ses lettres car là il n'écrivait pas mais parlait. Alors que dans ses romans il tenait à ce que l'auteur parût n'avoir jamais existé, ici, au contraire, il est omniprésent. Flaubert a d'autre part recours à tous les procédés de la conversation. Il se laisse emporter par ses pensées; et ce qui le préoccupe avant tout, la bêtise humaine, l'ineptie de la politique, réapparaît sans cesse. Souvent pour parler d'un livre qu'il vient de lire, il se contente de lancer quelques mots passe-partout ou des exclamations que le destinataire devra comprendre à demi-mot. Il abuse même d'exclamations qui lui tiennent souvent lieu de commentaires. Il écrit vite et tard dans la nuit et peut-être à cause de la fatigue, il griffonne parfois son monologue sans grand souci de logique. Comme ses lettres n'étaient réservées qu'au seul destinataire, Flaubert change de ton avec chaque correspondant, ce qui ne l'empêche pas de se répéter parfois. Pendant ses dix dernières années, alors qu'il écrit souvent plusieurs lettres par jour, il a tendance à reprendre les mêmes formules, celles qu'il estime les plus frappantes. Il les insère mot pour mot dans le langage spécifique de chaque correspondant.

Une autre difficulté inhérente à une correspondance vient du fait qu'elle ne peut jamais être complète. Un très grand nombre de lettres de Flaubert nous manquent encore aujourd'hui dont beaucoup sont irrémédiablement perdues. C'est le cas de la longue correpondance que Maxime Du Camp et Flaubert échangèrent entre 1843 et 1857 et qui d'après ce qu'il en dit à Mme Roger des Genettes "parlait uniquement de la littérature et *des dames.*" Horrifiés par les conséquences de la parution de la correspondance de Mérimée, Du Camp et Flaubert songèrent en mars 1877 à brûler la leur. Seules les lettres de Flaubert furent finalement détruites.

La correspondance la plus dense et une des plus riches en ce qui concerne la critique littéraire et l'esthétique flaubertiennes est celle qu'il entretint avec Louise Colet entre 1846 et 1854. Les 276 lettres adressées à la poétesse nous permettent de suivre le développement des théories esthétiques et critiques de Flaubert pendant sa période de formation littéraire. L'échange épistolaire commença en été 1846 quelques jours après leur première rencontre chez le sculpteur Pradier (XII, 476, 4-8-46), alors que Flaubert était retourné à Croisset. La correspondance fut interrompue pendant trois ans et demi, entre avril 1847 et juillet 1851, moment du retour de Flaubert de son voyage en Orient. En septembre de cette année-là, il entreprit *Madame Bovary* et ses lettres à sa maîtresse furent pendant quatre ans une sorte de journal d'écrivain, une longue confidence concernant d'une part ses idées sur l'art et le style et sa conception du rôle et du comportement de l'artiste, et d'autre part des commentaires sur ses lectures. Ce monologue d'esthétique, qui forme le noyau de ses convictions littéraires et le modèle de ses œuvres ultérieures, fut interrompu en avril 1854, avec une dernière lettre de rupture en mars 1855 (XIII, 495), c'est-à-dire quelques mois avant la fin de *Madame Bovary*.

Flaubert n'eut plus jamais d'échanges épistolaires aussi denses et continus. Alors qu'il était en rapport constant avec son ami intime Bouilhet, il lui écrivit peu de lettres (88 seulement, comparé aux 276 à Louise Colet ou aux 219 à George Sand).[3] Probablement Flaubert préférait-il, avec le poète, parler de littérature à vive voix plutôt que par l'intermédiaire de soliloques figés sur le papier. Il en eut la possibilité chaque dimanche à Croisset à l'époque de la rédaction de *Madame Bovary*, puis plus tard lors de ses nombreuses visites à Mantes quand Bouilhet ne se trouvait pas à Paris en même temps que lui. Une très grande partie des lettres qui lui sont adressées datent de l'époque de la rupture avec Louise Colet. Ayant rompu avec sa confidente, en avril 1854, Flaubert renonça à ses lettres quotidiennes et se tourna, jusqu'en 1856, exclusivement vers son meilleur ami pour commenter ses lectures ou parler de ce qui l'occupait, dès qu'il était isolé à Croisset. Ailleurs dans les lettres à Bouilhet, il est surtout question de détails pratiques, de stratagèmes à employer pour faire jouer les pièces du dramaturge, d'astuces pour actionner les leviers de la société, un vrai manuel de débrouillardise d'où les préoccupations esthétiques sont absentes.

Jusqu'en 1865, Flaubert écrit avant tout à ses amis d'enfance ou à sa famille. Entre 1830 et 1839, à l'exception d'un mot à Le Poittevin et de vœux à sa grand-mère, ce sont les 48 lettres à son camarade Ernest Chevalier qui nous sont seules parvenues. Pour la période 1840-46, nous avons entre autres 14 lettres à Le Poittevin, 1 à sa mère, 8 à son ami Emmanuel Vasse et 5 à Du Camp mais celles à Chevalier (48 lettres) et à sa sœur (37 lettres) sont de loin les plus intéressantes du point de vue de la critique flaubertienne. Pendant son voyage en Orient (automne 1849 à printemps 1851) il écrivit surtout à sa mère et à Bouilhet à qui il faisait régulièrement part des projets littéraires qu'il ruminait.

Grâce à la publication de *Madame Bovary*, et à ses séjours à Paris, Flaubert agrandit le cercle de ses amitiés littéraires. Dès octobre 1856, il correspondit avec des écrivains comme Théophile Gautier, Ernest Feydeau, des admirateurs comme Mlle Leroyer de Chantepie, de jeunes protégés comme la romancière rouennaise Amélie Bosquet ou avec son nouvel ami Jules Duplan et n'envoya plus à Bouilhet que trois à quatre lettres par année. C'est également à partir de la parution de son roman, que lancé dans le monde des lettres, il se mit à fréquenter des auteurs, tels que les Goncourt, Michelet, Baudelaire, Sainte-Beuve, Taine ou Renan, auxquels il écrivait régulièrement pour les féliciter de leur dernier ouvrage. Dans ces lettres il est toujours laudatif. S'il insère des critiques, il le fait en ayant l'air de s'excuser et il les encadre de compliments.

Après la publication de *Salammbô* (novembre 1862), il fut reçu dans le cercle de la princesse Mathilde à qui dorénavant il écrit souvent (jusqu'à 20 lettres par année). C'est à la même époque qu'il correspondit pour la première fois avec George Sand (1863), rencontrée à Paris en 1859. Pendant les dix dernières années de la romancière, c'est-à-dire entre 1866 et 1876, il entretint une vaste correspondance avec elle: 219 lettres qui forment le pendant de la longue confidence littéraire adressée à Louise Colet. Dans ses lettres à George Sand, Flaubert continuait les interminables conversations qu'ils avaient à Croisset ou Nohant sur ce qui les occupait tous les deux le plus: la littérature, l'esthétique, l'éthique et la politique. Leurs points de vue sont souvent irréconciliables. Flaubert défend le sien courtoisement mais ardemment. Cet échange épistolaire tourne souvent à une profession de foi artistique. Il reste pour nous une source précieuse de commentaires critiques. Avec la mort de George Sand (juin 1876) qui suivit celle de tous ses amis intimes,[4] Flaubert se rejeta vers ceux qui lui restaient, Du Camp, Edmond de Goncourt, Alphonse Daudet. Il se fit aussi de nouveaux amis tels que Zola et Tourgueniev avec qui il correspondit fréquemment, et prit sous sa protection Guy de Maupassant, fils de Laure (née Le Poittevin), sœur d'Alfred, son meilleur ami de jeunesse. En plus de ses amis écrivains il continua à correspondre régulièrement avec la princesse Mathilde, Mme Roger des Genettes, Mlle Leroyer de Chantepie. Le champ de ses relations épistolaires s'élargit considérablement pendant les dernières années de sa vie. A cause du nombre toujours croissant de ses correspondants, ses lettres sont souvent ou trop hâtives ou trop éparpillées et superficielles pour être une aussi bonne source de commentaires critiques significatifs. Il y a pourtant des exceptions en ce qui concerne Zola et Maupassant.

Les lettres assez élaborées que Flaubert envoie aux auteurs pour les féliciter de leur dernier ouvrage sont souvent basées sur le schéma suivant, qui apparaît à l'époque de la publication de *Madame Bovary* et ne varie guère jusqu'à la mort du romancier. Il commence sa lettre par des exclamations, voulant ainsi manifester son enthousiasme à la lecture du livre. Il insiste systématiquement sur le fait qu'il a lu l'ouvrage "tout d'une haleine," ajoutant souvent qu'il y a passé une partie de la nuit, qu'il a tout lâché pour le "dévorer." C'est un procédé qu'il utilise fréquemment pour les œuvres des Goncourt, de Michelet ou de George Sand. Il a recours à des compliments hyperboliques, à une surabondance d'exclamations n'exprimant rien de précis, à des stéréotypes dignes de son pharmacien Homais. Il termine par exemple sa lettre à Michelet sur *La Mer* (XIV, 62, 26-1-61) sur un ton dithyrambique, en remerciant l'auteur de son livre comme d'une bénédiction pour les jours de fatigue et de défaillance.[5] La rigidité du schéma de ces lettres, l'exagération de l'enthousiasme, la banalité des termes employés, tout prouve qu'elles étaient avant tout des actes de politesse que Flaubert se sentait tenu d'accomplir lorsqu'il écrivait à un auteur. De peur de le froisser, il ne voulait pas lui dire toute sa pensée. Pour connaître le jugement critique de Flaubert, il faut donc se méfier de ces lettres et autant que possible les lire à la lumière de fragments où il exprime à des tiers des opinions qui rectifient ou contredisent ce qu'il en avait dit à l'auteur. Le problème de la sincérité est loin d'être insoluble. Avec une connaissance approfondie de la *Correspondance* on détecte plus facilement la boutade et le compliment piégé.

Comme la *Correspondance* de Flaubert embrasse un demi-siècle, la question de l'évolution de sa pensée critique se pose tout naturellement. Il faut en tout cas prendre en considération les aléas biographiques. C'est ainsi que Flaubert s'en prend à Musset avant tout pendant la période de ses relations avec Louise Colet lorsque celle-ci lui parle sans cesse du poète romantique (1852). On doit également tenir compte du romantisme fervent de son adolescence. Il se tient alors au courant de tout ce qui paraît, se passionnant pour la littérature contemporaine. Il lit avec avidité et enthousiasme ce que Hugo, Dumas ou Lamartine publient et dans son ardeur, il ne les différencie pas, comme le prouvent ses lettres à Ernest Chevalier (XII, 337, 18-6-35; XII, 339, 23-7-35; XII, 345, 24-8-35). Mais dès 1840 il se montre plus critique et devient même hostile à un certain nombre de principes de l'esthétique romantique qu'il considère comme faux. Il s'oppose assez rapidement, par exemple, à l'expression des sentiments personnels dans une œuvre d'art, convaincu que l'artiste atteint l'universalité non par la représentation de sa propre individualité privilégiée mais par la reproduction impersonnelle d'un objet universel.

Les vicissitudes des rapports avec d'autres écrivains jouent parfois un rôle dans l'opinion critique de Flaubert, comme c'est le cas pour Sainte-Beuve qu'il rejette d'abord violemment en l'accablant d'insultes dans ses lettres à Louise Colet ou à Louis de Cormenin[6] parce qu'il le considère alors comme le paradigme du critique parasite dans ce qu'il a de plus abject. "Les critiques sont comme les puces, qui vont toujours sauter sur le linge blanc et adorent les dentelles" (XIII, 360, 14/15-6-53). Plus tard (dès 1857) l'attitude de Flaubert se transforme radicalement. Cela est probablement dû à ce que Sainte-Beuve a attiré l'attention sur la valeur de *Madame Bovary*, dans un article élogieux dans *Le Moniteur,* mais surtout à ce que Flaubert entre en contact avec le critique, qu'il se met à fréquenter assidûment, aux dîners Magny dès 1862. En apprenant à le connaître personnellement, il se familiarise probablement aussi avec son œuvre et apprécie en l'homme "un amant du style," avec qui il peut parler de littérature. On assiste à une courte récidive de l'animosité envers Sainte-Beuve après ses trois articles réticents sur *Salammbô*, mais à la mort du critique (en 1869), Flaubert exalte en lui un des grands écrivains de son temps (XIV, 520, 13-10-69). L'attitude de Flaubert envers Sainte-Beuve, qui passe, avec des fluctuations, d'un refus catégorique à un enthousiasme fervent, n'est pas aussi illogique qu'elle paraît à premier abord.

Ce qu'il rejette dans Sainte-Beuve c'est la personnification de la race des critiques, la conception artistique et la méthode utilisée; ce qu'il apprécie en lui c'est l'homme féru de littérature toujours prêt à en parler; c'est pourquoi ses deux attitudes ne sont pas contradictoires, elles tiennent compte des différents aspects que Flaubert découvre dans Sainte-Beuve.

Quelles que soient les variations au niveau des commentaires flaubertiens, ou même des jugements de valeur, cela n'a finalement pas de répercussion au niveau des conceptions critiques. Même si apparemment Flaubert semble changer d'avis, cela n'entame en rien l'unité foncière de sa critique car son langage, ses réticences, ses obsessions critiques surtout, le trahissent et révèlent l'unité sous-jacente qui se manifeste clairement à travers un réseau de thèmes primordiaux.

Une lecture minutieuse de la *Correspondance* permet de déchiffrer l'usage très personnel du langage chez Flaubert. On n'a pas affaire à des jugements mais à des réactions car Flaubert répond sur un plan humoral et non d'après un schéma dicté par la *ratio*. C'est grâce à ses réactions critiques que l'on parvient finalement à isoler les obsessions critiques qui révèlent à leur tour la vraie conception critique de Flaubert. Pendant cinquante ans et à travers quelques 4.000 missives, il égrène d'innombrables commentaires critiques dont se dégagent peu à peu des mots clés (qui ne sont pas toujours utilisés dans l'acception courante), des leitmotive et même de réelles obsessions d'ordre critique mais qui ont des racines viscérales. L'interrogation des bases pulsionnelles permet la mise en exergue des thèmes fondamentaux chez Flaubert, ce qui est indispensable si l'on veut saisir la critique flaubertienne en profondeur.

PREMIERE PARTIE

Théorie esthétique

Flaubert s'interroge dès l'enfance sur l'art et le statut de l'écrivain. Très tôt, ces problèmes le fascinent, et il se forme une opinion précise, qui est en fait très influencée par les théories ambiantes. Dans ses écrits de jeunesse, c'est-à-dire ses contes, mais surtout dans les *Mémoires d'un fou* (1838) et *Novembre* (terminé en novembre 1842), il adopte l'optique romantique selon laquelle le moi a une priorité absolue sur le monde extérieur. Le but essentiel est alors de se raconter, d'exprimer directement ses goûts, ses idées, ses rêveries sans que cet épanchement du moi s'incarne dans des personnages extrinsèques. En février 1843, il met fin à son cycle de confessions autobiographiques en entreprenant son premier roman: *L'Education sentimentale* (première version). A partir de 1846, il se forge une vision esthétique cohérente à laquelle il fait sans cesse allusion dans sa correspondance avec Louise Colet à l'époque de la rédaction de *Madame Bovary,* tout particulièrement dans les 140 lettres de 1852-53. Il y énonce, avec une conviction inébranlable, des principes esthétiques qu'il considère comme essentiels. Ceux-ci sont centrés sur quelques idées clés, formulées clairement, et ils ne varieront que très marginalement au cours de sa vie. On peut donc réduire ce foisonnement de remarques concernant l'écriture à un squelette conceptuel fondamental qui s'articule selon des modes que l'on peut résumer ainsi:

I l'Art comme fatalité
II l'Art en tant que recherche du Vrai rendu par le Beau
III l'Art comme éthique
IV le "style" comme moyen fondamental pour réaliser l'Art
V l'Art comme mystique
VI l'Art comme but suprême

Cette théorie esthétique, Flaubert ne le fera vraiment sienne que dans sa critique qui est pourtant basée sur des réactions humorales. Celles-ci, néanmoins, récupèrent en grande partie les données théoriques.

1

Fatalité de l'Art

Parce qu'il ne se sent pas libre lui-même, Flaubert "nie la liberté individuelle" (XII, 526, 18-9-46). Dès 1846, il mentionne, à tout propos, son "fatalisme" qu'il dit profondément "ancré" en lui (XII, 526, 18-9-46 et XII, 564, 15-11-46). Il n'est pas question de s'y soustraire, comme il l'explique à son ami Chevalier en 1851: "mes doctrines philosophiques . . . ne me permettant pas de reconnaître qu'il y ait eu . . . liberté et libre arbitre" (XIII, 137, 9-4-51). Cette attitude cérébrale se transforme progressivement en une conviction viscérale que l'homme est réduit à "subir sa destinée" en dépit de sa volonté (XV, 446, 3-4-76; XV, 287, 28-2-74; XV, 382, 10-5-75). En tentant de convertir George Sand à ce point de vue, Flaubert insiste sur la futilité de croire qu'on choisit sa vie. Le fatalisme flaubertien contraint à ne voir en l'homme qu'une "pauvre marionnette," mais par contre, il confère à l'art une force surnaturelle. Dès son adolescence, Flaubert est persuadé qu'en tant qu'écrivain, il obéit à une "fatalité supérieure" (XIII, 185, 24-4-52). Grâce à elle, l'écrivain joue un rôle exceptionnel. Flaubert va jusqu'à affirmer qu'on n'est "pas du tout libre d'écrire telle ou telle chose. On ne choisit pas son sujet" (XIV, 92, 61 et XVI, 317, 11-2-80) mais on le "subit" (XIV, 162, 15-4-63).

Que le véritable artiste, qu'il nomme "innéité" et qu'il définit comme "homme-à-instinct," qui devine, homme né pour l'art et qui l'a travaillé, soit marqué par le destin, se manifeste tout d'abord par le fait qu'il se sent maudit. Dès sa jeunesse, Flaubert est imprégné du complexe de Chatterton et reprend à son compte la thèse romantique du guignon, obsédé qu'il est par la malédiction qu'il sent peser sur l'artiste. Il se forge ainsi le mythe des "naufragés du radeau de la *Méduse*" (XIV, 520, 13-10-69), écrivains perdus dans l'océan de la bêtise, toujours prêt à les engloutir. Parlant par exemple de Gautier, Flaubert écrit: "il est mort, j'en suis sûr, d'une suffocation trop longue causée par la bêtise moderne" (XV, 174, 25-10-72) "du dégoût de l'infection moderne" (XV, 176, 28-10-72). "Frères en l'art," les écrivains sont des exilés dans le désert humain, complètement aliénés de leurs semblables. "Amants du Beau, nous sommes tous des bannis," s'écrie Flaubert en 1853, à propos de Leconte de Lisle (XIII, 385, 14-8-53). L'artiste ne saurait être apprécié ou même respecté par ses concitoyens. Le public, par son incompréhension foncière de la beauté et son hostilité viscérale de l'art, constitue même un péril pour l'artiste. Peu à peu, ce sentiment se renforce et, à la chute de l'Empire, Flaubert est convaincu que l'écrivain, aux yeux de ses contemporains, est parfaitement superflu. *"Nous sommes de trop. On nous hait et nous méprise, voilà le vrai"* (XV, 176, 28-10-72), déclare-t-il à la mort de Théophile Gautier. Les artistes, "ouvriers de luxe sont inutiles dans une société où la plèbe domine" (XV, 177, 28-10-72). A cette époque, Flaubert se sent réduit, à cause de son amour de l'art, à l'état de fossile égaré dans un monde nouveau (XV, 126, 4-72).

Mais l'écrivain, marqué par sa vocation même, est un être choisi, et par conséquent il devient un être d'élite par son impossibilité d'insertion dans une société qui se veut toujours plus égalitaire et enrégimentée. En plus, il pressent obscurément que l'écrivain, à moins qu'il ne devienne l'instrument du pouvoir, est perçu comme une menace par une telle société. Elle a tendance à voir en lui un être qui, par un doute absolu et une écriture corrosive, sape ses convictions et ébranle ses dogmes. Une telle attitude hostile de la part du public a aussi ses effets bénéfiques pour l'artiste. L'ostracisme imposé par la société est assumé par l'écrivain qui finit par le rechercher avec orgueil car cela devient une preuve de plus de sa supériorité. L'isolement n'est donc plus ressenti comme une aliénation mais au contraire comme une protection contre l'absorption par le monde extérieur. C'est cet isolement qui facilite l'indépendance de l'écrivain envers son public, ce que Flaubert considère comme un élément indispensable à son intégrité. Le public, dans son ensemble, est défini à priori comme stupide, incapable de comprendre les problèmes qui se posent à l'écrivain, et même nocif pour celui qui l'écoute ou essaie de le contenter.

Par contre, l'écrivain qui parvient à se libérer totalement du public, accède à la pureté qui est sa plus grande gloire. Aussi Flaubert ne peut-il guère faire un compliment plus élogieux à Leconte de Lisle que de dire *"c'est un pur"* (XIII, 323, 6-4-53). Baudelaire appartient également à cette élite dont la pureté se mesure à l'unicité de ses préoccupations, à sa cohérence esthétique mais aussi son indifférence au public et au succès. Le diamant, dans sa limpidité et sa dureté, est un symbole auquel Flaubert a naturellement recours. C'est ainsi, qu'appréciant certains poèmes des *Fleurs du mal,* il écrit à Baudelaire, "*L'Albatros* me semble un vrai diamant" (XIII, 573, 4-57). Si pour lui le diamant participe nécessairement de la pureté, ce n'est pas le cas pour "ange" qui a une connotation nettement péjorative. C'est ce que suggère son emploi à propos de George Sand qu'il considère comme "trop angélique, trop bénisseuse." Son "angélisme" est à mettre en parallèle avec le reproche qu'elle est "trop bienveillante." Flaubert s'en prend à "son *bénissage* perpétuel" (XV, 175, 28-10-72), à sa manie de prêcher dans ses livres, "toujours planant au-dessus des misères de ce monde" (XV, 324, 14-7-74). Sa "bienveillance," son idéalisme, sa "confiance en l'humanité," son messianisme républicain, son "dada socialiste" sont pour Flaubert autant de facettes de son didactisme invétéré qui l'éloigne de la pureté indispensable à l'écrivain digne de ce nom. Flaubert utilise également le terme "ange" à propos des Goncourt. Là encore il a une acception péjorative bien qu'elle soit voilée et déguisée en compliment. Parlant à la princesse Mathilde, il dit des Goncourt: "ils sont gentils comme des anges" (XIV, 251, 10-65). A propos des *Maîtresses de Louis XV,* il dit aux Goncourt: "vous écrivez comme des anges, décidément" (XIV, 33, 5-60).

2

Vrai et Beau

Parmi les principes essentiels qu'on retrouve à la base de chaque art, Flaubert mentionne "la recherche incessante du Vrai rendu par le Beau" (XIII, 581, 18-5-57). Qu'entend-t-il par cette formule à laquelle, sous une forme ou une autre, il revient très souvent? Une telle maxime rappelle assez précisément l'*Epître IX* de Boileau:

> Rien n'est beau que le vrai: le vrai seul est aimable;
> Il doit régner partout, et même dans la fable:
> De toute fiction l'adroite fausseté
> Ne tend qu'à faire aux yeux briller la vérité.
>
> (vv. 43-46)

Si Flaubert a retenu dans sa conception esthétique des éléments classiques, il s'écarte néanmoins des doctrines du XVIIe siècle sur de nombreux points. Qu'est-ce donc que le vrai pour le classicisme? Pour reprendre les définitions de René Bray dans *La Formation de la doctrine classique*, "la vérité c'est la nature."

> La notion de vérité est plus précise que celle de nature. ... par nature on peut entendre aussi bien l'exceptionnel que le quotidien. ... par vérité on entend ce qui est universellement admis ... vérité moyenne et quotidienne. ... l'opinion commune devient le critérium du vrai.[1]

Que recouvre d'autre part, le concept de Vrai pour Flaubert? Dans sa *Correspondance* il n'est jamais explicite au point de définir les abstractions qu'il manie. Par contre, avec quelques intimes qu'intéressent les questions esthétiques, il a recours à des exhortations qui explicitent en partie les notions auxquelles il fait allusion. De ses lettres ressort clairement ce que le Vrai n'est pas.

Rechercher le Vrai ne se réduit pas, par exemple, à respecter la vraisemblance. Sur ce point Flaubert n'adhère pas à la conception classique de l'art. Chapelain considère le vraisemblable, c'est-à-dire ce qui se passe tous les jours, comme le seul objet de la poésie. Boileau va même plus loin en exigeant qu'on le préfère à tout prix au vrai (qui peut paraître parfois invraisemblable et donc inférieur). Flaubert, au contraire, estime que le vraisemblable est un facteur tout à fait secondaire, comme le prouve la remarque qu'il fait à propos de *L'Assommoir*: "Faire vrai ne me paraît pas être la première condition de l'art" (XV, 499, 4-10-76). L'écrivain n'a pas à poursuivre le vraisemblable, ni le quotidien, faux semblants qui le détournent de son but.

L'art n'est pas non plus à confondre avec la vérité, car l'artiste ne demande pas à l'art une connaissance conforme au réel mais la quintessence de la réalité. Là Flaubert est plus explicite. Dans cette "recherche du Vrai," la réalité est un tremplin pour l'artiste et non un but. Il peut utiliser l'actualité comme point de départ mais pas pour reproduire la vie dans sa matérialité. C'est ce qu'il reproche à Béranger, par exemple, ou aux Goncourt (XIII, 335, 26/27-4-53). En 1863, il écrit à Edmond de Goncourt que "La vérité n'étant pas pour moi la première condition de l'Art, je ne puis pas me résigner à écrire de telles platitudes" (XIV, 161/62, 15-4-63).

La vérité, par sa parfaite conformité au réel, est condamnée à la banalité. Faire vrai n'est pas le but de l'art si l'on entend par là représenter fidèlement le réel. Cette question revient souvent dans la *Correspondance* de Flaubert. "On me croit épris du réel, tandis que je l'exècre; car c'est en haine du réalisme que j'ai entrepris ce roman," explique-t-il à Mme des Genettes qui vient de le féliciter au sujet de *Madame Bovary*. "Mais," ajoute-t-il, "je n'en déteste pas moins la fausse idéalité dont nous sommes bernés par le temps qui court" (XIII, 541, 10-56).

A propos de Béranger, Flaubert soutient que "Le Vrai n'est jamais dans le présent. Si l'on s'y attache, on y périt" (XIII, 335, 26/27-4-53). Il laisse clairement entendre qu'on ne saisit la vérité que dans "l'éternel" (XV, 444, 10-3-76), c'est-à-dire l'universel. Là encore, il semble au premier abord qu'il y ait parfait accord avec l'esthétique de Boileau. Pourtant la notion d'universel ne recouvre pas la même chose pour Flaubert que pour les classiques. Ceux-ci le considèrent comme la somme des contingences et leur commun dénominateur ("vérité moyenne et quotidienne"[2]). Le critérium de l'universel est basé sur l'opinion la plus largement admise. Mais pour Flaubert il est une quintessence de la réalité quotidienne, dépouillée de toute contingence et qui permet de révéler ce que cachent les apparences et la réalité. "Je me suis toujours efforcé," écrit-il, "d'aller dans l'âme des choses et de m'arrêter aux généralités les plus grandes, et je me suis détourné exprès de l'accidentel et du dramatique. Pas de monstres et pas de héros!" (XV, 430, 12-75). C'est au nom de son souci de l'universel qu'il critique les Goncourt de s'occuper dans leurs œuvres d'éléments qu'il considère comme marginaux, tels les ouvriers. A propos du *Roman des ouvrières* d'Amélie Bosquet, Flaubert, irrité, s'écrie:

> Allez-vous faire des livres *utiles* maintenant?
> En quoi, *dans le domaine de l'Art,* MM. les ouvriers sont-ils plus intéressants que les autres hommes? Je vois maintenant, chez tous les romanciers, une tendance à

représenter la *caste* comme quelque chose d'essentiel en soi, exemple: *Manette Salomon*.

Cela peut être très spirituel, ou très démocratique; mais avec ce parti pris on se prive de l'élément éternel, c'est-à-dire de la généralité humaine. (XIV, 384, 9-11-67)

Or "se priver de l'élément éternel" est impardonnable pour l'écrivain qui devrait se préoccuper exclusivement de questions universelles. C'est pourquoi il écrit à Louise Colet au sujet de *La Servante*, "Il faut que ton héroïne soit *médiocre*. Ce que je reproche à Mariette, c'est que c'est une femme supérieure" (XIII, 440, 18-12-53), donc exceptionnelle, alors qu'un personnage "médiocre" serait plus universel. C'est encore ce même souci de l'universel qui lui fait condamner tout recours à l'autobiographie ou aux confessions sentimentales. "L'Art n'est pas fait pour peindre les exceptions" (XIV, 315, 5/6-12-66). Sur ce point Flaubert est en totale rupture avec l'esthétique romantique. Etant un cas particulier, l'écrivain ne saurait être représentatif. "L'artiste, selon moi, est une monstruosité,—quelque chose de hors nature" (XIII, 102, 15-12-50), écrit-il à sa mère. "Le premier venu est plus intéressant que M. G. Flaubert, parce qu'il est plus *général* et par conséquent plus typique," explique-t-il seize ans plus tard à George Sand (XIV, 315, 5/6-12-66). Chez Flaubert la notion romantique du typique est donc une forme de l'universel, notion classique par excellence. L'universel, seul, est une garantie de vérité. Aussi l'artiste doit-il extraire des fragments de la réalité un noyau universel qui est l'art même. Il ne peut y parvenir que par la refonte systématique des matériaux qu'il accumule. C'est uniquement ainsi qu'il accède au Vrai.

C'est au nom de cette conception de l'art que Flaubert reproche à *La Conquête de Plassans*, livre qui dans son ensemble, lui a plu, d'être trop proche de la réalité. Il manque à ce roman "un milieu proéminent, . . . une scène centrale (chose qui n'arrive jamais dans la nature)" (XV, 304/05, 3-6-74), fait-il remarquer à Zola, puisqu'une œuvre d'art ne saurait être la reproduction de la réalité. A propos des *Sœurs Vatard*, il rappelle à Huysmans que "L'art n'est pas la réalité. Quoi qu'on fasse, on est obligé de choisir dans les éléments qu'elle fournit. Cela seul, en dépit de l'Ecole, est de l'idéal, d'où il résulte qu'il faut bien choisir" (XVI, 160, 2-79). Après avoir lu *Le Nabab*, Flaubert critique violemment l'esthétique du naturalisme. Confondre Art et Réalité lui semble intolérable et il commente qu'il "ne s'agit pas seulement de voir, il faut arranger et fondre ce que l'on a vu" (XVI, 24, 8-12-77). Que Zola et Daudet soient persuadés que la réalité à elle seule constitue l'art, le scandalise. A ce propos il confie à Tourgueniev que ce "matérialisme [l]'indigne" et note que pour lui la réalité ne peut servir que de "*tremplin*" à l'œuvre (XVI, 24, 8-12-77). Il utilise la même expression en 1880 en parlant à Hennique de l'importance "très secondaire" qu'il attache à la documentation car "la vérité matérielle . . . ne doit être qu'un tremplin pour s'élever plus haut. . . . Dieu sait jusqu'à quel point je pousse le scrupule en fait de documents, livres, informations, voyages, etc. Eh bien, je regarde tout cela comme très secondaire et inférieur"

(XVI, 310, 3-2-80). Déjà en 1846, il énonce une idée similaire: "L'Art n'est grand que parce qu'il grandit. . . . L'objet le plus trivial produit des inspirations sublimes" (XII, 581, 30-1-47). Il y a chez Flaubert un refus du réel qui provient de sa détermination de ne jamais reproduire l'événement directement car la réalité dans sa matérialité souillerait l'art. L'artiste peut utiliser l'actualité mais doit tenir à distance les circonstances qu'il retrace afin d'en tirer la quintessence.

L'art, et Flaubert pense avant tout à la littérature, métamorphose la réalité en la concentrant. C'est ainsi qu'il est un moyen privilégié pour "s'assimiler le Vrai" qu'il extrait du Beau (XIII, 571, 30-3-57). L'écrivain, de cette manière, appréhende la réalité dans son essence. Aussi Flaubert peut-il affirmer que "tout ce qu'on invente est vrai" (XIII, 383, 14-8-53). C'est pour cette même raison qu'il connaît, très peu de temps avant sa mort, en mai 1880, un de ses "jours de gloire" lorsque son interprétation d'une question de botanique s'avère exacte contre l'avis d'un savant qu'il avait consulté. Il exulte car il voit là une preuve irréfutable que Art et Vrai peuvent se confondre. L'art s'il est bien manié, devient vérité. "*J'avais raison!*" écrit-il à sa nièce. ". . .*j'avais raison* parce que l'esthétique est le Vrai, et qu'à un certain degré intellectuel (quand on a de la méthode) on ne se trompe pas. La réalité ne se plie point à l'idéal, mais le confirme. . . . Ah! ah! je triomphe! Ça, c'est un succès! et qui me flatte. . ." (XVI, 359, 2-5-80).

Flaubert fait plusieurs fois cette même expérience. En août 1853, il raconte avec enthousiasme à Louise Colet comme il vient de découvrir dans un bois précisément la scène qu'il avait imaginée onze ans plus tôt dans *Novembre*. Et il lui explique que "La poésie est une chose aussi précise que la géométrie. L'induction vaut la déduction, et puis, arrivé à un certain point, on ne se trompe plus quant à tout ce qui est de l'âme" (XIII, 383, 14-8-53). Trois semaines auparavant il jubilait déjà à propos d'une aventure similaire:

> J'ai eu, aujourd'hui, un grand succès. . . . j'ai trouvé ce matin, dans le *Journal de Rouen,* une phrase du maire lui [=ministre de la Guerre] faisant un discours, laquelle phrase j'avais, la veille, écrite *textuellement* dans la Bovary (dans un discours de préfet, à des comices agricoles). Non seulement c'était la même idée, les mêmes mots, mais les mêmes *assonances* de style. Je ne cache pas que ce sont de ces choses qui me font plaisir. Quand la littérature arrive à la précision de résultat d'une science exacte, c'est roide. (XIII, 381, 22-7-53)

A l'époque de la rédaction de *Madame Bovary,* la question du Vrai est, chez Flaubert, la pierre angulaire de sa foi en l'art. "Lorsqu'on travaille dans nos idées, dans les miennes du moins, on n'a pour se soutenir *rien,* . . . aucun espoir d'argent, aucun espoir de célébrité, ni même d'immortalité. . . . ce qui me soutient, *c'est la conviction que je suis dans le vrai*" (XIII, 326, 13/14-4-53).

Mais son opinion se transforme lentement. Pendant ses dernières années il va parfois jusqu'à nier l'existence du "vrai" pour affirmer que tout dépend du point de vue pris par l'artiste. C'est ainsi que quatre mois avant sa mort, il se moque des naturalistes dans sa lettre à Hennique: "Cette manie de croire qu'on vient de découvrir la nature et qu'on est plus vrai que les devanciers m'exaspère. La tempête de Racine est tout aussi vraie que celle de Michelet. Il n'y a pas de vrai! Il n'y a que des manières de voir" (XVI, 308, 3-2-80). Flaubert est finalement convaincu qu'en littérature tout est affaire de perspective. Analysant *Les Sœurs Vatard,* il expose à Huysmans que "ni les giroflées ni les roses ne sont intéressantes par elles-mêmes, il n'y a d'intéressant que la manière de les peindre" (XVI, 160, 2 ou 3-79). Ce qui compte ce n'est pas tant la représentation d'un vécu que la manière dont l'artiste l'appréhende. Par conséquent la contribution majeure d'un écrivain ou d'une époque réside dans son optique. "Me croyez-vous assez godiche," demande-t-il à Hennique, "pour être convaincu que j'ai fait dans *Salammbô* une vraie reproduction de Carthage, et dans *Saint Antoine* une peinture exacte de l'Alexandrinisme? Ah! non! mais je suis sûr d'avoir exprimé l'*idéal* qu'on en a aujourd'hui" (XVI, 310, 3-2-80). C'est pour cette même raison qu'il estime que "'L'histoire romaine est à refaire tous les vingt-cinq ans'" (XVI, 310, 3-2-80). En 1853 déjà, il voit la poésie en tant que verre filtrant qui crée sa propre perspective puisqu'il écrit à propos de Leconte de Lisle: "La poésie n'est qu'une manière de percevoir les objets extérieurs, un organe spécial qui tamise la matière et qui, sans la changer, la transfigure" (XIII, 319, 31-3-53).

Dès ses premiers commentaires sur l'esthétique, Flaubert met Vrai et Beau sur le même pied. Tous deux sont des facteurs indispensables à l'équation de l'art. Car, si l'art est une recherche du Vrai, elle ne peut se réaliser que grâce au Beau. Comme dans le cas du Vrai, Flaubert parle abondamment de la notion de Beau. Là aussi, il a recours à un langage métaphorique et il ne définit jamais ce qu'il entend par un tel concept. Mais alors que sa conception du Vrai évolue, celle du Beau, qui est étroitement liée à sa vision platonicienne, garde sa permanence par-delà les changements de sa pensée. L'essentialisme flaubertien est même basé sur une certaine conception du Beau.

"Le vrai Beau n'est pas pour la masse" (XII, 536, 27-9-46), il n'est l'affaire que d'une élite fort restreinte. "Ce qu'il y a de meilleur dans l'Art échappera toujours aux natures médiocres, c'est-à-dire aux trois quarts et demi du genre humain" (XIII, 342, 17-5-53). Flaubert ne tarit jamais à ce propos. Il a une conception extrêmement élitiste du Beau. Seul un petit noyau peut l'apprécier à sa juste mesure. Il parle même d'une quarantaine de personnes par siècle (XIV, 212, 9-8-64). L'exclusivisme dont Flaubert fait preuve à ce sujet est dû, d'une part à sa conviction en la nullité sans rémission du public, et d'autre part à la valeur exceptionnelle qu'il confère à la beauté. Flaubert est convaincu que le public, "la masse," a une haine viscérale du Beau. "Leur rêve est d'anéantir Paris, parce que Paris est beau" écrit-il à la princesse Mathilde en

1870 (XIV, 600, 23-10-70), mais déjà en 1852 il déplore que "le temps est passé du Beau" (XIII, 184, 24-4-52).

"Viser au beau est le principal, et l'atteindre si l'on peut" (XV, 499, 4-10-76), tel est le but qu'il se fixe. C'est cette même attitude imprégnée de mysticisme, ce même respect inconditionnel envers un Beau quasi inaccessible qu'on découvre vingt ans auparavant alors qu'il songe à une esthétique nouvelle. Celle-ci permettrait "en tenant compte de tous les contingents relatifs. . . . de degré en degré, on peut s'élever ainsi jusqu'à l'Art de l'avenir, et à l'hypothèse du Beau, à la conception claire de sa réalité, à ce type idéal enfin où tout notre effort doit tendre" (XIII, 421, 12-10-53). C'est pourquoi il implore Feydeau "au nom de la seule chose respectable en ce monde, au nom du Beau" (XIV, 11, 11-59). La beauté est donc la clé de voûte de cette quête que représente l'art. C'est vers elle que devrait tendre tout artiste dans le même sens que le platonicien doit tendre vers l'idée du Bien. Pour Sartre, par contre, le Beau chez Flaubert se résume à un "objet impossible qu'on ne possède pas."[3] C'est en ce qui concerne la beauté que Flaubert est le plus marqué par l'idéalisme platonicien. Le beau n'est pas tant un "objet impossible" qu'un but très difficilement accessible mais dont la poursuite ardue est justifiée par sa valeur intrinsèque. Or si Flaubert se plaint auprès de George Sand de son isolement esthétique, c'est qu'il a parfaitement conscience que ses conceptions ne sont pas partagées par ses contemporains écrivains. Il réagit violemment, par conséquent, lorsque George Sand, en 1875, lui parle de son "école." Il se défendra toujours d'appartenir au réalisme ou au naturalisme dont il ne peut accepter les objectifs.

> Mais je m'abîme le tempérament à tâcher de n'avoir pas d'école! *A priori*, je les repousse toutes. . . . [Les naturalistes] recherchent tout ce que je méprise et s'inquiètent médiocrement de ce qui me tourmente. Je regarde comme très secondaire le détail technique, le renseignement local, enfin le côté historique et exact des choses. Je recherche par-dessus tout la *beauté*, dont mes compagnons sont médiocrement en quête. Je les vois insensibles, quand je suis ravagé d'admiration ou d'horreur. Des phrases me font pâmer, qui leur paraissent fort ordinaires. (XV, 431, 12-75)

Quatre mois plus tard, il revient sur ses griefs, en regrettant, une fois de plus, que Zola et Daudet ne soient pas "préoccupé[s] *avant tout* de ce qui fait . . . le but de l'Art, à savoir: la Beauté" (XV, 446, 3-4-76). Flaubert essaie d'expliquer sa pensée à George Sand en lui décrivant ce qu'il ressent face au Beau à l'état pur. Il s'agit d'une expérience vécue intensément et qui dépasse le cadre de l'esthétique. Elle a même des résonances psycho-physiques. On a affaire au même type de réactions viscérales qu'on retrouve dans la critique humorale de Flaubert. A la contemplation du Beau, l'artiste tressaille jusque dans ses entrailles (XII, 521, 14-9-46). Flaubert parle à George Sand du "plaisir violent" qu'il a ressenti en contemplant un "mur nu" à l'Acropole. Il commente que dans "la précision des assemblages, la rareté des éléments, le poli de la surface, l'harmonie de l'ensemble, n'y a-t-il pas une vertu intrinsèque, une espèce de force divine, quelque chose d'éternel comme un principe? (Je parle en platonicien)" (XV, 446, 3-4-76).

A première vue, ce Beau est envisagé sous son aspect classique: précision et harmonie structurelles, forme très travaillée, composants exceptionnels. En ce qui concerne la littérature, toutes ces qualités sont rendues par le style. Tout "dépend de l'exécution. L'histoire d'un pou peut être plus belle que celle d'Alexandre" (XIII, 606, 8-57). Alors que la beauté, telle que la conçoit le classicisme, est une double harmonie; harmonie interne de l'œuvre d'art et harmonie entre l'œuvre et le public qui l'accueille: chez Flaubert, au contraire, vu le mépris qu'il professe pour tout lecteur potentiel, seule l'harmonie interne survit. Mais par contre elle joue un très grand rôle. Sans cohérence structurelle, il n'y a pas de beau. "Mais point de plan, point d'art" (XIII, 408, 12-9-53), écrit Flaubert. "Un livre peut être plein d'énormités et de bévues, et n'en être pas moins fort beau" (XIII, 598, 8-57). Une telle remarque semble contredire sa conception du Beau. Mais les défauts dont il parle ici se limitent à des questions très secondaires; il s'agit dans ce cas de l'archéologie dans *Salammbô*. Il avertit Feydeau qu'elle sera "probable" tout au plus (XIII, 598, 8-57). "Les œuvres les plus belles sont celles où il y a le moins de matière" (XIII, 158, 16-1-52) car la beauté ne provient pas du sujet mais de la forme, de la structure de l'œuvre. Flaubert revient souvent sur ce sujet: "il n'y a pas en littérature de beaux sujets d'art" (XIII, 365, 25/26-6-53); "ne va pas croire que les beaux sujets font les bons livres" (XIV, 39, 5-8-60); "il n'y a ni beaux ni vilains sujets" (XIII, 159, 16-1-52).

Le "calme" est un élément important dans l'harmonie artistique. Flaubert admire les "œuvres sereines." Les "très belles œuvres . . . sont sereines d'aspect . . . elles sont immobiles comme des falaises" (XIII, 399, 26-8-53). C'est pourquoi il fait des réserves concernant *L'Histoire de la révolution* de Michelet. "Ce n'est pas clair, c'est encore moins calme, et le calme est le caractère de la beauté" (XIII, 408, 12-9-53). Il apprécie par contre *Le Prêtre, la famille, la femme*: "Je trouve ce livre singulièrement austère, calme et vrai! C'est là de l'histoire s'il en fut, et de la plus haute" (XIV, 69, 6-6-61). Que recouvre cette notion de calme? Elle est certainement à rapprocher de "l'impassibilité" que Flaubert préconise pour la littérature dans le rapport de l'écrivain à son œuvre. L'art ne devrait jamais être l'expression ou la révélation de sentiments personnels. Il devrait mener à la reproduction d'un objet universel et viser à des types, comme Zola le fait dans *Nana*, à la grande satisfaction de Flaubert, qui l'en félicite d'ailleurs vivement.

Contrairement au romantisme, Flaubert est convaincu de l'universalité du Beau. Ses différents aspects ne sont que superficiels, ne changent en rien son essence qui seule compte. "Ce que j'admire dans Boileau, c'est ce que j'admire dans Hugo. . . . Il n'y a *qu'un Beau*. C'est le même partout, mais il a des aspects différents; il est plus ou moins coloré par les reflets qui dominent" (XIII, 406, 7-9-53).

L'unicité fondamentale du Beau n'empêche pas cette notion d'être également influencée par le romantisme. Excès et "fanatisme" font partie de cet idéal. "Tout ce qui est *beau* est exagéré" (XVI, 309, 3-2-80), dit Flaubert à Hennique au sujet de son roman *Les Hauts Faits de Monsieur de Ponthau* et il loue Leconte de Lisle pour son fanatisme en art (XIII, 319, 31-3-53). Flaubert utilise indifféremment Art et Beau, surtout dans des expressions telles que "amour du Beau" ou "amants du Beau."

3

L'Art comme éthique

Si l'art n'est pas cette connaissance conforme au réel, il est tout de même vérité dans la connotation morale du terme. Dès sa jeunesse, Flaubert est profondément convaincu de la moralité intrinsèque de l'art. "Si je suis dans le vrai, je suis dans le bien, j'accomplis un devoir, j'exécute la justice" (XIII, 326, 13/14-4-53), écrit-il en 1853. Sa vision platonicienne du Vrai lui permet d'égaler vrai à bien. C'est par référence à ce monde des idées que l'art est moral. Vus sous cet angle, art, beau et vrai fusionnent et ne peuvent donc plus être distingués. "Ce qui est Beau est moral, voilà tout, et rien de plus" (XVI, 327, 16 ou 19-2-80), rappelle-t-il succinctement, en 1880, à Maupassant, qui a des démêlés avec la justice à cause d'un recueil de poèmes. En simplifiant à l'extrême, beau égale moral.

En quoi consiste cette moralité? Flaubert donne des réponses divergentes. Il déclare à son cousin Bonenfant, par exemple, que "la morale de l'Art consiste dans sa beauté même" (XIII, 548, 12-56), n'expliquant rien par cette tautologie. Le pouvoir purificateur de l'art, d'autre part, est une composante fondamentale de sa moralité. En tentant de faire comprendre à Louise Colet sa conception de la moralité artistique, il la met en parallèle avec la délinquance ouvrière comparée aux bonnes mœurs des marins. Il attribue la conduite de ceux-ci à la "fréquentation" des océans, *au contact du grand.* "Je crois que c'est dans ce sens-là qu'il faut chercher la *moralité de l'Art.* Comme la nature, il sera donc moralisant par son élévation virtuelle et utile par le sublime.... L'idéal est comme le Soleil; il pompe à lui toutes les crasses de la Terre" (XIII, 392, 21/22-8-53), écrit-il en 1853. Vingt-sept ans plus tard il a recours à la même image solaire: "La poésie, comme le soleil, met l'or sur le fumier" (XVI, 327, 16 ou 19-2-80). Cette citation pourrait paraître obscure, si on ne la rapprochait de celle de 1853. "l'or sur le fumier" se réfère clairement à la purification effectuée par l'art. Il n'y a rien d'étonnant à cela puisque l'art est une recherche de la quintessence.

A la moralité de l'art correspond la moralité de l'artiste, autre condition première pour atteindre le Beau. Par morale, Flaubert entend que l'écrivain renonce au succès, écrive pour lui-même et non pour un public, exigences que nous avons déjà rencontrées et que Flaubert réunit ici dans un précepte éthique pour leur donner plus de poids. C'est ainsi que lorsqu'il encourage sa nièce à travailler sérieusement la peinture, il souligne qu'elle devrait "cracher *a priori* sur le succès et ne travailler *que* pour [elle]. . . . Le mépris de la gloriole et du gain est la première marche pour atteindre au Beau, la morale n'étant pas qu'une partie de l'Esthétique, mais sa condition foncière" (XVI, 338, 8-3-80).

Du point de vue pris par Flaubert, tout art est moral. Par conséquent, chaque œuvre, si elle est bien écrite et bien lue, a sa portée morale, indépendamment des intentions précises de l'auteur. "Si le lecteur ne tire pas d'un livre la moralité qui doit s'y trouver, c'est que le lecteur est un imbécile ou que le livre est *faux* au point de vue de l'exactitude," rappelle-t-il à George Sand en 1876 (XV, 435, 6-2-76). Pour la même raison il rétorque, au reproche qu'on lui fait d'être "trop vrai" dans *Madame Bovary,* qu'il est au contraire, "très moral" car il découle de son roman "un enseignement clair" (XIII, 548, 12-56).

L'art fonde donc sa propre moralité. Idéal par sa nature même, il ne peut être que moral. Une telle conception a pour corollaire qu'on ne doit en aucun cas lui surimposer une morale, ou le mettre au service d'une cause. Sur ce point, Flaubert est inflexible. Toute sa vie, il fera grief à un grand nombre de ses contemporains d'avilir l'art par ce moyen-là. Parlant à Louise Colet de son poème *La Servante,* il lui déclare:

> Ce qui m'y a révolté c'est de voir gaspiller tant de dons du ciel par un tel parti pris de morale.
> Crois bien que je ne suis nullement insensible aux malheurs des classes pauvres, etc., mais il n'y a pas, en littérature, de bonnes intentions. *Le style est tout* et je me plains de ce que, dans *La Servante,* tu n'as pas exprimé tes idées par des *faits* ou des *tableaux*. Il faut avant tout, dans une narration, être dramatique, toujours peindre ou émouvoir, et *jamais déclamer*. Or le poète, dans ce poème, déclame trop souvent. (XIII, 456, 15/16-1-54)

Puisque l'écriture par elle-même transmet un message, il ne doit en aucun cas être exprimé explicitement dans l'œuvre, il ne peut que le sous-tendre. Flaubert impute à la "manie de prêcher" de ses contemporains, leur recours à un message direct qui en fait détruit l'essence même de l'art en y insérant un élément corrupteur. Il faut avant tout conserver à l'art sa pureté en veillant à ne pas y mêler "un tas d'autres choses, le patriotisme, l'amour, que sais-je un tas de choses qui lui sont étrangères . . . et qui loin de l'agrandir, . . . le rétréciss[ent]" (XII, 613, 7-11-47). Flaubert, sans cesse, admoneste ses correspondants à ce sujet. Il décèle ce défaut capital tout particulièrement chez George Sand, Dumas fils, Du Camp, Lamartine et Victor Hugo romancier. S'en prenant, une fois de plus, au didactisme, il déclare à Mlle Leroyer de Chantepie au sujet de *Mlle de la Quintinie* de George Sand: "L'Art ne doit servir de chaire à aucune doctrine sous peine de déchoir! On fausse toujours la réalité quand on veut l'amener à une conclusion qui n'appartient qu'à Dieu seul. . . . *Observons*, tout est là. . . . La rage de vouloir conclure est une des manies les plus funestes et les plus stériles qui appartiennent à l'humanité" (XIV, 179, 23-10-63).

Flaubert n'a que mépris pour l'art utile comme le pratiquent les Goncourt dans *Manette Salomon* (XIV, 384, 9-11-67) ou pour Béranger qu'il accuse d'avoir compromis l'art au service d'une cause. Les idées morales et sociales de Victor Hugo, ce que Flaubert appelle son côté "grand bénisseur" (XV, 311, 17-6-74), l'agacent aussi. Il est irrité par les préoccupations politiques du poète dont il se plaint souvent. "Malgré mon amour pour le père Hugo, j'ajourne de jour en jour à retourner chez lui, tant sa manie de politique m'écœure" (XV, 427, 9-12-75). "Sa personne me plaît infiniment, mais sa cour! . . . miséricorde!" (XV, 430, 16-12-75). C'est "un charmant bonhomme" lorsque "la galerie politique lui manque" (XV, 301, 26-5-74). Si Flaubert désapprouve vivement une telle attitude: "le philosophisme, la maxime, la boutade politique, sociale, démocratique, etc., toute cette bavure qui vient de Voltaire et dont le père Hugo lui-même n'est pas exempt" (XIII, 327, 13/14-4-53), c'est que ces soucis, parfaitement étrangers à la littérature, la dégradent. "Pourquoi a-t-il [=Hugo] affiché . . . une morale si bête et qui l'a tant rétréci? Pourquoi la politique? Pourquoi l'Académie? Les idées reçues! l'imitation! . . . Ah! pourquoi se marier? pourquoi accepter la vie quand on est créé par Dieu pour la juger, c'est-à-dire pour la peindre?" (XIII, 344, 21/22-5-53). Flaubert se montre très sceptique envers les pamphlets politiques de Victor Hugo car au lieu de s'attacher au Beau, à l'universel, il s'occupe de questions toutes transitoires. En outre Flaubert ne peut partager ce qu'il considère comme des illusions politiques et populistes (XIII, 415, 26-9-53) chez Hugo et qui, à son avis, corrompent son génie. "Il tourne au ganachisme avec ses rabâchages perpétuels" affirme-t-il à propos de "deux discours politiques fort piètres de fond et de forme" (XIII, 476, 23-3-54). A l'époque de la parution des *Châtiments,* Flaubert remarque que "c'est un tort; il devrait faire autre chose. Il va finir par s'ankyloser dans cette haine! Les satires personnelles passent, comme les personnes. Pour durer, il faut s'attaquer au durable" (XIII, 369, 2-7-53).

Le thème de la régénération sociale (XIII, 515, 30-9-53), telle qu'il la voit décrite dans *Les Misérables* ou chez Du Camp l'agace considérablement. Que l'artiste ait "charge d'âmes" éveille son sarcasme. Il tourne en dérision la foi romantique en une mission sociale du poète (XII, 527, 18-9-46). Il se plaint que "l'avocasserie se glisse partout, la rage de discourir, de pérorer, de plaider" (XII, 527, 18-9-46). Il épanche son dégoût pour ces "littérateurs" dans une longue diatribe à Louise Colet: "L'adoration de l'humanité pour elle-même et par elle-même (ce qui conduit à la doctrine de l'utile dans l'Art, aux théories de salut public et de raison d'Etat, à toutes les injustices et à tous les rétrécissements, à l'immolation du droit, au nivellement du Beau), ce culte du ventre" (XIII, 346-47, 26/27-5-53). Flaubert proteste maintes fois auprès de George Sand contre cette éternelle histoire du bon larron qui est béni parce qu'il s'est repenti (XIV, 128, 13-9-62 et XV, 52, 10-71). Le symbolisme hugolien de l'affrontement du bien et du mal avec la progressive domination du bien sur le mal, paraît enfantin à Flaubert. Il n'y décerne qu'un ramassis des idées banales de l'époque. Il s'en prend aux digressions de Hugo en tant qu'obsessions idéologiques et rabâchages perpétuels qu'il rejette catégoriquement.

Si Flaubert combat toutes les préoccupations extra-littéraires avec tant de conviction c'est qu'elles constituent pour lui une des formes de la prostitution de l'artiste qui est un thème central de la critique flaubertienne. Un des plus graves reproches qu'il adresse à Béranger, Eugène Sue, Dumas fils, Musset, Lamartine ou Hugo, c'est "qu'au lieu de traîner le public à sa remorque, on se traîne à la sienne" (XIII, 194, 15/16-5-52). Ces auteurs se laissent ainsi dicter, par un public inmanquablement médiocre et stupide, ce que devrait être la littérature au lieu de se référer à un idéal. C'est pourquoi il exhorte Feydeau à ne faire aucune "compromission," à ne pas ménager le public comme le lui avait suggéré Sainte-Beuve (XIV, 79, 31-8-61). Il accuse même Zola d'avilir l'art en cédant au goût de plus en plus vulgaire de son public ou en se laissant entraîner par son souci de la publicité (XVI, 198, 25-4-79). L'exemple même d'une telle attitude dégradante, c'est Delavigne, caméléon qui suit les goûts du public et qui pour Flaubert représente ce qu'il y a de plus méprisable en littérature.

> Casimir Delavigne . . . s'est toujours traîné à la remorque de l'opinion, faisant *Les Messéniennes* après 1815, *Le Paria* dans le temps du libéralisme, *Marino Faliero* lors de la vogue de Byron, *Les Enfants d'Edouard* quand on raffolait du drame moyen âge. Delavigne était un médiocre monsieur, mais Normand rusé qui épiait le goût du jour et s'y conformait, conciliant tous les partis et n'en satisfaisant aucun, un bourgeois s'il en fut, un Louis-Philippe en littérature. (XIII, 197, 30-5-52)

En 1851 déjà, Flaubert expose à sa mère qu'il "n'y a rien de plus vil sur la terre qu'un mauvais artiste, qu'un gredin qui côtoie toute sa vie le beau sans y jamais débarquer et y planter son drapeau. Faire de l'art pour gagner de l'argent, flatter le public, débiter des bouffonneries joviales ou lugubres en vue du bruit ou des monacos, c'est là la plus ignoble des prostitutions, par la même raison que l'artiste me semble le maître-homme des hommes" (XIII, 134, 8-4-51). C'est pourquoi il se plaint qu'Hugo a fait "trop de canailleries pour que je puisse lui exprimer une admiration sans réserve (ses encouragements à des médiocrités, l'Académie, son ambition politique, etc.)" (XIII, 348, 1-6-53). Il le soupçonne aussi, dans ses grandes pièces d'avoir "Pour . . . plaire à la pratique . . . lâché à son adresse des tirades sur l'humanité, le progrès, la marche de l'idée, et autres balivernes auxquelles il ne croit guère" (XIII, 194, 15/16-5-52). Flaubert s'en prend également au style des *Misérables* qu'il estime "intentionnellement incorrect et bas" pour "flatter le populaire." Il accuse Victor Hugo d'avoir "platement adulé" tout le monde, "saint-simonniens, philippistes et jusqu'aux aubergistes" (XIV, 120, 7-62). En voulant charger la littérature d'une mission sociale et morale, on ne fait que produire des "livres enfantins," tels *Les Misérables* (XIV, 120, 7-62) ou *Les Châtiments* (XIV, 409, 3-68)[4] qui sont en proie aux "passions du jour" et à la "sympathie des envieux" (XIII, 515, 30-9-55), donc condamnés à l'éphémère. La philosophie simpliste, l'humanitarisme puéril, pour "vermine philosophico-évangélique" (XIV, 120, 7-62) qui en émanent, ne sont qu'un ramassis de lieux communs qui avilit le génie du poète. "Quand on ne peut pas traîner la société à son cul," écrit-il à Bouilhet, "on se met à sa remorque, comme les chevaux du roulier, lorsqu'il s'agit de descendre une côte; alors la machine en mouvement vous emporte, et c'est un moyen d'avancer" (XIII, 515, 30-9-55). Navré de l'attitude de Victor Hugo, Flaubert constate que

> La postérité ne lui pardonnera pas . . . d'avoir voulu être un penseur, malgré sa nature. Où la rage de la prose philosophique l'a-t-elle conduit? Et quelle philosophie! Celle de Prudhomme, du bonhomme Richard et de Béranger. . . . il résume . . . le courant, l'ensemble des idées banales de son époque, et avec une telle persistance qu'il en oublie son œuvre et son art. (XIV, 121, 7-62)

Les deux écueils contre lesquels se heurte l'écrivain qui croit à une mission moralisatrice et didactique de l'art, sont la banalité et l'oubli précoce qui en résulte. A propos de Lamartine et de ce qu'il appelle avec mépris son "humanitarisme religieux" (XIII, 335, 26/27-4-53), Flaubert note que la postérité délaisse ceux qui ont chanté pour une cause, voulu être utiles. Seul le doute absolu sied à l'artiste. En tant que penseur, affirme Flaubert, l'écrivain ne doit avoir ni religion, ni patrie, ni même aucune conviction sociale. Il conçoit le rôle idéal de l'artiste dans "l'acceptation ironique de l'existence et sa refonte plastique et complète par l'Art" (XIII, 459, 16-1-54).

"Tant qu'on ne le prend pas par un vice, il vous échappe, ce bon public. Plus nous irons et plus le talent se séparera de lui" (XIV, 15, 24-11-59). Voilà pour l'artiste, une raison de plus pour cultiver son indépendance et à la limite "faire de l'Art pour [lui] tout seul" (XIII, 150, 11-51 et XIII, 198, 30-5-52). L'écrivain ne doit faire de concessions à personne, ni au public, ni aux critiques, il n'a de "chance qu'en suivant son tempérament et en l'exagérant" (XIV, 79, 31-8-61). Un public populaire est toujours un mauvais signe pour un écrivain, c'est une preuve qu'il a fait des concessions, qu'il flatte le "goût du jour," qu'il a consenti à des compromissions et que par conséquent il est sur le chemin de la prostitution. Un public médiocre, de même que la renommée, "vulgarisent" l'art, alors qu'il devrait être l'affaire d'une élite fort restreinte. Que Lamartine, "homme qui va aux médiocres et qui les aime" (XIII, 323, 6-4-53 et XIII, 404, 2-9-53), cherche à contenter les caprices du public, que les couturières et élèves de première lisent George Sand (*La Première Education sentimentale*, VIII, 57), que Béranger[5] ait tant de succès, que Musset "renie sa poésie" dans son *Discours à l'Académie* (XIII, 197, 30-5-52), sont autant d'indices certains qu'ils ont prostitué l'art, qu'ils en ont souillé la pureté.

Inversement, le rejet par le public est un signe de la qualité d'une œuvre dont l'écrivain peut s'enorgueillir. Lorsque *Germinie Lacerteux* "excite un dégoût universel" dont les Goncourt paraissent "très fiers" (XIV, 226, 5-2-65), Flaubert les approuve pleinement. S'il tient Leconte de Lisle pour un "poète exemplaire," c'est en partie à cause de son indifférence au succès. "Cela est fort et prouve en sa faveur plus que bien des triomphes" (XIII, 356, 6/7-6-53). Le leitmotiv des encouragements que Flaubert prodigue à Louise Colet est basé sur la certitude que son manque de succès auprès du public et le rejet par l'Académie de ses poèmes historiques sont dus à la qualité de sa poésie. C'est même une preuve qui devrait la rassurer et dissiper ses doutes. L'hostilité des revues, le blâme des critiques, devraient être considérés comme gage de la beauté artistique.

> La mère de Bouilhet et Cany tout entier se *sont fâchés* contre lui pour avoir écrit un livre immoral. Ça a fait scandale. On le regarde comme un *homme d'esprit*, mais perdu; c'est un paria. Si j'avais eu quelques doutes sur la valeur de l'œuvre et de l'homme, je ne les aurais plus. Cette consécration lui manquait. On n'en peut avoir de plus belle: être renié de sa famille et de son pays! (C'est très sérieusement que je parle.) (XIII, 159, 16-1-52)

Ecrire dans les journaux est une autre forme de la prostitution de l'écrivain, crime dont sont coupables Sainte-Beuve et Gautier, mais celui-là est sans excuse puisqu'il n'est pas poussé par la misère. "Pourquoi écrire dans les journaux quand on peut faire des livres et qu'on ne crève pas de faim?" (XIV, 466, 2-2-69), demande-t-il à George Sand. Il reproche à Sainte-Beuve de "débagouler, toutes les semaines, dans les torche-culs appelés journaux. Pourquoi ne fait-il pas de livres, puisqu'il est riche et qu'il a du talent?" (XIV, 470, 23/24-2-69). Rédiger pour la presse dégrade l'écrivain car elle le prive de sa liberté de créateur. Elle le contraint à un rôle subalterne au service d'autrui. "'C'est une place de commis que celle du rédacteur, et une place de commissionnaire que celle du directeur'" (XIII, 342, 17-5-53), explique-t-il à Louise Colet en 1853 à propos de Sainte-Beuve et du *Moniteur*. En parlant des journaux à la princesse Mathilde, il s'exclame, seize ans plus tard: "Je hais cette petite manière de publier sa pensée et je témoigne ma haine par une abstention complète" (XIV, 462, 7-1-69). Flaubert blâme Gautier de s'être vendu à *La Presse* mais plus tard il le considère comme plus victime que coupable car il l'a fait par besoin. A ce sujet il rappelle à Feydeau "qu'un homme de génie, un poète qui n'a pas de rentes et qui n'est d'aucun parti politique . . . est forcé, pour vivre, d'écrire dans les journaux" (XV, 184, 11-72); et c'est infailliblement sa perte. Il sera exploité, tyrannisé. En automne 1872, Flaubert répète à tous ses correspondants que Gautier est mort victime du journalisme, qui l'exploitait et l'a usé ainsi que de la haine que ses contemporains conçoivent pour la littérature.

Mais le plus grand danger qui guette l'écrivain qui s'est prostitué, c'est la superficialité. "Les feuilletons de l'ami Théo; est-ce plat!" (XIII, 373, 7/8-7-53 et XIII, 226, 27-7-52), déplore-t-il dans une lettre à Louise Colet. Le journalisme prive Gautier, un homme "fait pour être un artiste exquis" (XIII, 186, 24-4-52), du loisir et de la tranquillité d'esprit indispensables pour écrire sérieusement. Flaubert considère *Emaux et Camées* comme un "volume piteux." "Par-ci par-là une belle strophe mais pas une pièce. C'est éreinté, recherché; toutes les ficelles sont en jeu. On sent un cerveau qui a pris des cantharides. Erection de mauvaise nature, comme celle des gens qui ont les reins cassés" (XIII, 226, 27-7-52). Le poète, qui s'adonne au journalisme, sombre nécessairement dans l'amateurisme, l'ignorance et la superficialité. "On s'enfonce dans une obésité de l'esprit que l'on prend pour de la santé" (XIII, 186, 24-4-52). Même l'originalité finit par s'émousser. "Quel éreintement on aperçoit! C'est qu'à force de jouer du violon sur son cœur, les cordes s'en détendent. . . . tout s'avachit ensemble. Ame et style, poitrine et cœur" (XIII, 207, 11-52). La déchéance du poète prostituant l'art, en vendant sa plume à un journal, se marque irrémédiablement dans son œuvre, comme c'est le cas pour *Emaux et Camées*.

Flaubert est catégorique: si le vrai artiste est maudit et pur, le journaliste, quant à lui, est une "putain" (XIII, 207, 11-52). Au sujet de Gautier, il parle de "putinage d'esprit" qui l'a abaissé au niveau "commun" (XIII, 186, 24-4-52). Et par journaliste, il entend tout écrivain qui consent à livrer des articles à un journal, se laisse dicter ses sujets ou accepte qu'on remanie ses textes (XIV, 462/63, 7-1-69). Après avoir appris que Tourgueniev a accepté que la *Revue des Deux Mondes* "retranche quelque chose de sa dernière nouvelle," Flaubert avoue à Charles-Edmond que "par cela seul, Tourgueneff a déchu dans mon estime. Il aurait dû jeter son manuscrit au nez de Buloz, avec une paire de gifles en sus et un crachat comme dessert!" (XIV, 213, 10-8-64). Flaubert se plaint aussi que George Sand "se laisse conseiller et rogner" par ses éditeurs (XIV, 213, 10-8-64). Il estime que cette "condescendance touche à l'improbité" puisque "toute amputation, tout changement pratiqué par un tiers . . . dénature" un livre, qui est un organisme "compliqué," homogène et qu'on ne peut pas transformer arbitrairement, sous peine de le dégrader. En n'acceptant pas l'œuvre telle qu'elle est écrite, l'éditeur en détruit "la poétique interne." "L'Art ne réclame ni complaisance, ni politesse, rien que la foi, la foi toujours et la liberté," écrit-il à Laurent Pichat qui s'est chargé de publier *Madame Bovary* (XIII, 536, 2-10-56).

Une autre raison qui devrait empêcher un écrivain de se vendre à un éditeur, c'est la conscience de la disproportion fondamentale[6] qui existe entre la valeur réelle de son œuvre et la somme qu'il en retire. Comment, se demande Flaubert, estimer la valeur d'une œuvre en termes économiques et d'après quels critères?

> Comment mesurer le travail, comment estimer l'effort? Reste donc la valeur commerciale de l'œuvre. . . . j'écris (je parle d'un auteur qui se respecte) non pour le lecteur d'aujourd'hui, mais pour tous les lecteurs qui pourront se présenter, tant que la langue vivra. Ma marchandise ne peut donc être consommée maintenant, car elle n'est pas faite exclusivement pour mes contemporains. Mon service reste donc indéfini et, par conséquent, impayable. (XV, 191, 4-12-72)

Flaubert en conclut que l'art n'a pas de prix et que par conséquent il ne devrait pas être monnayé. "Nous sommes des ouvriers de luxe; or, personne n'est assez riche pour nous payer. . . . je ne vois pas le rapport qu'il y a entre une pièce de cinq francs et une idée. Il faut aimer l'Art pour l'Art lui-même; autrement, le moindre métier vaut mieux" (XIV, 320, 4-1-67), affirme-t-il au comte René de Maricourt. Flaubert, assez lucidement, tire les conséquences d'une telle attitude et reconnaît que "si l'artiste n'a pas de rentes, il *doit* crever de faim!" . . . Quand "on ne s'adresse pas à la foule," explique-t-il à George Sand, "il est juste que la foule ne vous paye pas. C'est de l'économie politique. Or, je maintiens qu'une œuvre d'art (digne de ce nom et faite avec conscience) est inappréciable, n'a pas de valeur commerciale, ne peut pas se payer" (XV, 192, 12-12-72). La prostitution artistique en est d'autant plus impardonnable.

4

Style

Cette recherche du Vrai rendu par le Beau n'est possible que grâce au style que Flaubert pressent d'une manière viscérale comme il l'affirme à Louise Colet en 1853: "Je me le [=style] sens dans le ventre" (XIII, 290, 29/30-1-53). Là encore, comme dans le cas du Beau, on a affaire, à propos de critères esthétiques à des réactions viscérales telles qu'on les trouve dans sa critique humorale. Cette notion de style consiste, en premier lieu, en une technique littéraire. Si on l'envisage d'un point de vue moins restreint, elle englobe également un idéal du roman.

Il y a certaines composantes auxquelles Flaubert attache beaucoup d'importance. "Décrire en suggérant" est une des premières règles à observer. L'écrivain renonce alors aux commentaires ou aux qualificatifs et c'est au lecteur de comprendre les allusions sans qu'on lui fournisse sans cesse des explications supplémentaires. Il faut "toujours peindre ou émouvoir, et *jamais déclamer*," rappelle-t-il à Louise Colet en 1854 (XIII, 456, 15/16-1-54). Le chapitre sur les engrais dans *Les Misérables* (XIV, 120, 7-62), par example, révolte Flaubert parce qu'il voit là, précisément cette manie explicative dont il voudrait purger la littérature. Pour parvenir au maximum d'efficacité suggestive, comme le font les Goncourt dans *Sœur Philomène* (XIV, 72, 8-7-61), l'auteur doit donner des descriptions précises mais il "fait voir" sans ostentation. Il faut qu'entre les mots fuse une image qui prenne progressivement corps dans l'esprit du lecteur. Flaubert reprend à son compte la citation de La Bruyère que "'tout l'esprit d'un auteur . . . consiste à bien définir et à bien peindre'" (XVI, 327, 16-2-80). Flaubert insiste souvent sur ce "don de faire voir" qui, à son avis, manque à Leconte de Lisle (XIII, 323, 6-4-53), mais dont il compliment hautement Michelet dans l'*Histoire au France du XVIIIe s.*: "j'admire (plus qu'un autre, et en homme du métier) cet art qui se dissimule sous une simplicité apparente, ce relief des images saillissant [sic] par un mot, quantité d'horizons qui se déploient *entre les paragraphes,* ce don de *faire vivre* enfin, qui est la marque des élus en fait de style, votre secret à vous, votre qualité suprême" (XIV, 177, 10-63). C'est pour la même raison qu'il félicite les Goncourt de laisser la morale émaner subtilement du déroulement de l'action au lieu de la présenter directement. "La morale court sous les faits et sans déclamations, sans digressions!" (XIV, 33, 5-60).

Faire voir est étroitement lié à cette autre qualité indispensable à l'écriture: "*faire vivre*" (XIV, 177, 10-63). "Cela vit, rare mérite" (XIV, 33, 5-60), dit-il aux Goncourt à propos des *Maîtresses de Louis XV*. Parlant des personnages zoliens, il s'exclame, "Les caractères sont merveilleux de vérité.... Comme c'est vrai et intense!" (XVI, 321, 15-2-80; aussi XVI, 337, 4-3-80 et XVI, 353, 18-4-80). Il s'agit de mettre en scène des personnages qui donnent l'illusion de vivre indépendamment de leur créateur et non des allégories ou des marionnettes dirigées au gré de l'écrivain. Flaubert est convaincu que la liberté du personnage est une garantie contre les diktats imposés par le didactisme qu'il sent toujours prêt à s'infiltrer dans la littérature.

Les personnages jouent donc un rôle dominant. Souvent, ce sont eux, qui dans une œuvre, rebutent ou attirent Flaubert. Caractères "incompréhensibles," dit-il, par exemple, à propos du roman *Le Rouge et le Noir* (XIII, 251, 22-11-52), parce qu'il considère la chasse au bonheur, l'ambition effrénée, le désir de dominer, toutes ces velléités du héros stendhalien comme autant de futilités ridicules et méprisables qui ne lui inspirent que de la répugnance. Aussi à cause de cela, rejette-t-il le roman en entier. Chez Zola, par contre, ce sont les personnages qui très souvent lui font apprécier le roman, comme c'est le cas pour *La Conquête de Plassans* (XV, 305, 3-6-74). Dans *Nana*, c'est avant tout cette figure de femme qui l'attire, le fait qu'elle "tourne au mythe, sans cesser d'être réelle" (XVI, 321, 15-2-80 et XVI, 322, 15-2-80). La puissance de tempérament qu'il décèle dans les héros des *Rougon-Macquart*, ainsi que leur forte individualisation, le porte à être prévenu en faveur de l'œuvre dans son ensemble. A propos d'*Une Page d'amour*, il avoue que "ce roman m'a troublé et *excité*" (XVI, 43, 4-78). L'uniformité des personnages hugoliens, mannequins porte-paroles de leur créateur (XIV, 120/21, 7-62), ne peut par contre que déplaire à Flaubert. Il estime Hugo incapable de créer des êtres complexes, indépendants, dans une certaine mesure, de leur créateur; et il constate que "le don de faire des êtres humains manque à ce génie" (XV, 299, 1-5-74). Comme Flaubert le perçoit, le héros chez Hugo est réduit automatiquement à une figure allégorique à travers laquelle l'écrivain exprime directement ses idées. Aussi se plaint-il qu'il "n'est pas permis de peindre si faussement la société quand on est le contemporain de Balzac et de Dickens" (XIV, 121, 7-62). Il traite les personnages de *Quatre-vingt-treize* de "bonshommes en pain d'épice" (XV, 299, 1-5-74). Quels "bonshommes en sucre," s'exclame-t-il à propos des *Misérables*. "Et des types tout d'une pièce.... Pas une fois on les voit *souffrir* dans le fond de leur âme" (XIV, 120, 7-62). Une autre de leurs carences, c'est qu'ils parlent tous de la même manière alors qu'ils devraient être dotés d'une langue autonome et adaptée à chacun. Parlant de *Manette Salomon*, Flaubert déplore aussi que toutes les tirades des personnages soient "toutes un peu pareilles comme valeur . . . et comme tournure" (XIV, 387, 11-67). Ce même principe s'applique au narrateur, qui ne devrait jamais adopter le langage des personnages (XV, 502, 28-10-76). La différentiation du langage entre narrateur et personnages et d'un personnage à l'autre est essentielle pour donner vie à un monde cohérent. Mais d'autre part, Flaubert exige une totale continuité, au sein même du style, entre les dialogues, le discours intérieur des personnages et le récit proprement dit. C'est ainsi qu'il rappelle à Louise Colet que

> La continuité constitue le style, comme la constance fait la vertu. Pour remonter les courants, pour être bon nageur, il faut que, de l'occiput jusqu'au talon, le corps soit couché sur la même ligne. On se ramasse comme un crapaud et l'on se déploie sur toute la surface, en mesure, de tous les membres, tête basse et serrant les dents. L'idée doit faire de même à travers les mots et ne point clapoter en tapant de droite et de gauche, ce qui n'avance à rien et fatigue. (XIII, 440, 18-12-53)

Au printemps 1879, il s'explique longuement au sujet du langage des personnages dans une lettre à Huysmans concernant *Les Sœurs Vatard*:

> Le fond de votre style, sa pâte même, est très solide. . . . Pourquoi avoir voulu le renforcer par des expressions énergiques et souvent grossières? Quand c'est l'auteur qui parle, pourquoi parlez-vous comme vos personnages? Notez que vous affaiblissez par là l'idiome de vos personnages. Que je ne comprenne pas une locution employée par un voyou parisien, il n'y a pas de mal. Si vous trouvez cette locution typique, indispensable, je m'incline, je n'accuse que mon ignorance. Mais quand l'écrivain emploi, par lui-même, un tas de mots qui ne sont dans aucun dictionnaire, alors j'ai le droit de me révolter contre lui. (XVI, 160, 2 ou 3-79)

Flaubert attache une grande importance aux dialogues qui doivent être très variés. C'est même un des moyens pour individualiser les personnages et les libérer partiellement de la tutelle du créateur. Aussi déplore-t-il que les personnages dans *Quatre-vingt-treize* parlent tous "comme des acteurs" (XV, 299, 1-5-74).

La composition est un facteur primordial dans la réussite d'une œuvre. D'excellents dialogues, des personnages "vivants," n'ont pas la moindre efficacité sans un plan précis. "Réfléchis, réfléchis avant d'écrire," conseille-t-il à Louise Colet. "*Tout dépend de la conception.* Cet axiome du grand Goethe est le plus simple et le plus merveilleux résumé et précepte de toutes les œuvres d'art possibles" (XIII, 236, 13-9-52). Toute sa vie Flaubert pourchasse le "décousu," dont Musset est un parfait exemple. "Musset restera par ces côtés qu'il renie. Il a eu de beaux jets, de beaux cris, voilà tout" (XIII, 199, 30-5-52). Flaubert insiste que "toutes les difficultés que l'on éprouve en écrivant viennent du *manque d'ordre*" (XIII, 417, 30-9-53). A propos de *La Révolution* de Michelet, il affirme que sans plan, il n'y a point d'art (XIII, 408, 12-9-53). *La Bible de l'humanité* est un mauvais livre parce que le "plan est vague"

(XIV, 221, 11-64). "Ce qu'il y a d'atroce . . . c'est le procédé fragmentaire, le peu de lien entre les idées" (XIV, 221, 11-64). *Sœur Philomène,* par contre, l'enchante car c'est "d'un seul jet et d'une poussée qui ne faiblit pas un instant" (XIV, 73/74, 15-7-61). L'œuvre doit avoir une structure cohérente, un mouvement continu dans lequel tout s'enchaîne naturellement. C'est cette articulation entre récit et style qu'il admire chez les Goncourt (XIV, 74, 15-7-61), que ce soit dans *Renée Mauperin* (XIV, 196, 2 ou 3-64), *Germinie Lacerteux* (XIV, 224, 16-1-65), *Sœur Philomène* (XIV, 72, 8-7-61) ou *Les Maîtresses de Louis XV*[7] mais qui fait totalement défaut aux romans de Victor Hugo (XIV, 120, 7-62). Flaubert affirme, dans une explication détaillée du *Tigre,* que le "sentiment de la composition" manque à Leconte de Lisle. On y décèle de nombreuses "confusions de plan" qui détruisent le reste de cohérence qu'offrait cette pièce de composition "peu serrée" (XIII, 323, 6-4-53), dont le "bon vers" est "disséminé" et le tissu "lâche." La logique est indispensable dans la construction d'une œuvre car il faut que tout se tienne. "L'unité, tout est là!" (XII, 553, 14-10-46). On doit à tout prix éviter d'être décousu. Or voilà une tare que Flaubert estime très répandue dans les œuvres de ses contemporains dont d'ailleurs, il ne s'exclut pas. Il reconnaît que c'est le grand défaut de la première *Education sentimentale.* "Les causes sont montrées, les résultats aussi; mais l'enchaînement de la cause à l'effet ne l'est point. Voilà le vice du livre" (XIII, 158, 16-1-52), avoue-t-il à Louise Colet. C'est cette même logique défectueuse qu'il blâme dans *Le Rouge et le Noir.* Pour en parler, il a très souvent recours à l'image du collier et souligne que "les perles ne font pas le collier; c'est le fil" (XIII, 165, 1-2-52; XIII, 439, 18-12-53; XIII, 399, 26-9-53). Après avoir terminé *Saint-Julien l'hospitalier,* Flaubert discute de ses projets avec George Sand: "je balance entre plusieurs embryons d'idées. Je voudrais faire quelque chose de serré et de violent. Le fil du collier (c'est-à-dire le principal) me manque encore" (XV, 429, 16-12-75). En janvier 1852, il déplore d'être retombé dans le même piège du décousu avec sa seconde version de *Saint-Antoine*:

> Prenant un sujet où j'étais entièrement libre comme lyrisme, mouvements, désordonnements, je me trouvais alors bien dans ma nature et je n'avais qu'à aller. Jamais je ne retrouverai des éperduments de style comme je m'en suis donné là pendant dix-huit grands mois. Comme je taillais avec cœur les perles de mon collier! Je n'y ai oublié qu'une chose, c'est le fil. Seconde tentative et pis encore que la première. (XIII, 158, 16-1-52)

Formuler un plan précis et s'y tenir est le seul moyen d'atteindre à la cohérence et à l'unité. Ce plan que Flaubert envisage comme une "épine dorsale" soutient toute l'œuvre en reliant à l'idée principale qu'elle doit mettre en lumière, tous les innombrables détails qu'exige le souci de la vraisemblance. C'est cette unité qu'il admire sans réserve dans l'*Histoire de France au XVIIIe s.,* dont il félicite vivement Michelet: "à travers toutes ces merveilles d'intuition, de reproduction et de langage, l'idée principale, le substratum, le but (la Révolution qui vient) ne se perd pas de vue une minute; tout se rattache à cela dans votre livre, c'est comme l'épine dorsale de ce colosse" (XIV, 177, 10-63). Par contre, il critique les "mauvais plans" dans le *Dies irae* (XIII, 323, 6-4-53) de Leconte de Lisle et estime qu'une structure homogène fait fondamentalement défaut aux *Misérables*. Pour Flaubert, il ne peut y avoir d'unité si l'auteur se laisse entraîner par des dissertations sur les engrais (XIV, 120, 7-62) ou des "sermons, pour dire que le suffrage universel est une bien jolie chose, qu'il faut de l'instruction aux masses" (XIV, 121, 7-62). De telles scories anéantissent nécessairement le sentiment d'ensemble, même si l'auteur a élaboré un plan, car ce sont "des explications énormes données sur des choses en dehors du sujet" (XIV, 121, 7-62). A propos de *La Servante*, il fait part à Louise Colet de ses "réticences" concernant la composition de ce poème.

> Rappelle-toi encore une fois que les perles ne font pas le collier, c'est le fil, et c'est parce que j'avais admiré dans *La Paysanne* un fil transcendant que j'ai été choqué de ne pas l'apercevoir *si net* dans *La Servante*. Tu avais été, dans *La Paysanne*, shakespearienne, impersonnelle. Ici, tu t'es un peu ressentie de l'homme que tu voulais peindre [=Musset]. Le lyrisme, la fantaisie, l'individualité, le parti pris, les passions de l'auteur s'entortillent trop autour de ton sujet. *Cela est plus jeune* et, s'il y a une supériorité de forme incontestable, des morceaux superbes, l'ensemble ne vaudra jamais l'autre. (XIII, 439/40, 18-12-53)

La cohérence de la structure d'une œuvre n'est pas suffisante. Il faut qu'il y ait une "gradation des effets" et une "progression psychologique" (XIV, 224, 16-1-65) des personnages sinon la perspective est "faussée" (XIII, 456, 15/16-1-54). "La dédicace," écrit-il à Huysmans, en 1879, "où [vous] me louez pour *L'Education sentimentale* m'a éclairé sur le plan et le défaut de votre roman dont, à la première lecture, je ne m'étais pas rendu compte. Il manque aux *Sœurs Vatard*, comme à *L'Education sentimentale*, *la fausseté de la perspective!* Il n'y a pas progression d'effet. Le lecteur, à la fin du livre, garde l'impression qu'il avait dès le début" (XVI, 160, 2 ou 3-79).

Les moyens techniques pour parvenir à cette cohérence essentielle à l'œuvre, peuvent être ramenés à trois facteurs principaux: concision, densité et homogénéité. Flaubert reproche leur manque de concision à de nombreux écrivains, tout particulièrement aux poètes, dont Leconte de Lisle (XIII, 323, 6-4-53), étant convaincu qu'ils sont plus enclins à la prolixité car le "vers, par lui-même, est si commode à déguiser l'absence d'idées" (XIII, 417, 30-9-53). Il estime que Victor Hugo a tendance à diluer sa poésie et il se plaint que beaucoup de ses pièces sont "trop longues de moitié" (XIII, 417, 30-9-53). Quant à Musset, il lui fait grief de sa "poésie parlée, en phrases" qui est peu portée à la sobriété. Comme il désire améliorer *La Servante* de Louise Colet, il lui conseille d'élaguer "tout ce qui n'est pas nécessaire" à son sujet. "Ainsi, pourquoi ta grande artiste, à la fin, qui vient parler à Mariette? A quoi bon ce personnage complètement inutile dans le drame, et fort incolore par lui-même?" (XIII, 440, 18-12-53). Après avoir lu le poème *Les Fantômes,* il lui recommande vivement: "Ne te laisse pas tant aller à ton lyrisme. Serre, serre, que chaque mot porte" (XIII, 229, 1-9-52). Flaubert écrit aussi à Feydeau à propos de *Daniel*: "Il y a des tournures de phrase lentes, lourdes, des précautions oratoires inutiles. Sois donc plus concis, nom d'un pétard" (XIII, 658, 27-1-59). En s'efforçant d'être sobre, l'écrivain parvient plus facilement à la densité, autre qualité indispensable à la cohérence structurelle. Là encore, Flaubert s'en prend à Victor Hugo auquel il reproche de manquer de densité dans *L'Année terrible.*

L'homogénéité de la composition d'une œuvre ne s'obtient qu'en concentrant un texte. La cohérence, d'autre part, ne doit pas être limitée au plan, il faut qu'on la retrouve à tous les niveaux. C'est pourquoi Flaubert attache tant d'importance à l'unité de ton et pourchasse les métaphores qui ne lui semblent pas assez rigoureuses. Dans *Le Tigre* de Leconte de Lisle, par exemple, il se plaint du "disparate de ton" qui a pour effet de donner au poème un aspect "mou" et "lâche" (XIII, 448, 28-12-53). Avec son ami Bouilhet, il passe d'innombrables heures à corriger les poèmes de Louise Colet[8] dont ils extirpent, avant tout, les métaphores qu'ils estiment abusives à cause de leur caractère approximatif. L'imprécision des images est également le reproche principal qu'il adresse à Leconte de Lisle. L'expression "roi rayé," au sujet du tigre, lui déplaît tout particulièrement, car il voit là "un accolement de mots disparates: le *roi* (métaphore) et *rayé* (technique)." Il justifie son jugement par une longue explication à Louise Colet.

> Si c'est *roi* qui est l'idée principale, il faut une épithète *dérivant de l'idée de roi.* Si c'est *rayé,* au contraire, sur quoi doit porter l'attention, il faut un substantif en rapport avec *rayé,* et il faut appeler le tigre d'un nom qui, dans la *nature,* ait des *raies.* Or un roi n'est pas rayé. (XIII, 448, 28-12-53)

L'unité du langage n'exclut en rien la diversité qu'il faut au contraire sauvegarder à tout prix. Le texte est même basé sur une grande variété. Donnant, en décembre 1846, des conseils à Louise Colet sur ses projets, Flaubert écrit:

> Etudie bien ces personnages, complète dans ta tête ce que la réalité matérielle a toujours de tronqué, et mets-nous ça en relief dans quelque bon livre bien tassé, bien nourri, varié de ton et d'aspect, uni d'ensemble et de couleur. (XII, 570, 11-12-46)

Diversité et unité se réconcilient grâce à l'homogénéité structurelle de l'œuvre. "Il faut," explique Flaubert à Louise Colet, "que les phrases s'agitent dans un livre comme les feuilles dans une forêt, toutes dissemblables en leur ressemblance" (XIII, 480, 7-4-54).

Il y a trois autres éléments qui jouent un grand rôle si l'on veut parvenir au style idéal: le relief, le rythme et la couleur. Flaubert les considère comme "modernes" (XIII, 458, 16-1-54), il entend probablement par là qu'ils appartiennent à une conception romantique de la littérature. D'après ces critères, il juge que la poésie de Leconte de Lisle n'a pas de relief, de mouvement, qu'elle n'est pas assez haute en couleurs. "Le relief est absent, la couleur même a une sorte de teinte grise" (XIII, 323, 6-4-53). Il manque à Leconte de Lisle "*la couleur en mouvement.*" Il se "stérilise" avec son "idéal de passions nobles" (XIII, 458, 16-1-54). Par contre, Flaubert est ravi par le style de Chateaubriand qu'il considère comme "royal, grandiose et envoûtant," grâce à sa phrase "ondulante, empanachée, drapée, orageuse comme le vent des forêts vierges, colorée comme le cou des colibris, tendre comme les rayons de la lune à travers le trèfle des chapelles . . . [et à] cambrure royale" (*Par les Champs et par les grèves*, X, 256). Flaubert ne reniera jamais l'enthousiasme sans réserve qu'il professe pour Chateaubriand dans *Par les Champs et par les grèves* alors qu'il pastiche les rêveries (X, 239/40). Trente ans plus tard, il est peiné et ressent amèrement son isolement parce que ses meilleurs amis, Tourgueniev et Zola, ne partagent pas son admiration pour le style de Chateaubriand. Flaubert apprécie également beaucoup celui des Goncourt qu'il juge "excellent" (XIV, 33, 5-60). "Je ne vous parle pas du style, il y a longtemps que je lui serre la main, tendrement, à celui-là," écrit-il aux deux frères (XIV, 74, 15-7-61).

A propos de Lamartine, écrivain "sans rythme" (XIII, 323, 6-4-53), Flaubert suggère que le style idéal devrait être "rythmé comme le vers" (XIII, 186, 24-4-52). Comme il est enchanté par *Les Résidences royales,* poème de Louise Colet, il la félicite qu'il ne manque à cette pièce "que très peu de chose pour en faire tout bonnement un petit chef-d'œuvre; et il n'y a pas de petits chefs-d'œuvre. Rythme, composition, nouveauté, tout y est" (XIII, 201, 12-6-52). Flaubert mentionne très souvent cette conception du style qui exige de la prose qu'elle ressemble au vers, qu'elle soit aussi précise et sonore que lui. En juillet 1852, dans une lettre à Louise Colet, il s'explique plus précisément sur sa manière d'envisager la prose. "Quelle chienne de chose que la prose! Ça n'est jamais fini; il y a toujours à refaire. Je crois pourtant qu'on peut lui donner la consistance du vers" (XIII, 222, 22-7-52). Une bonne phrase de prose doit être "comme un bon vers, *inchangeable,* aussi rythmée, aussi sonore" (XIII, 222, 22-7-52). Le texte est un joyau qu'on taille avec précision pour lui donner une unicité qui le rende irremplaçable. Le style idéal devrait être précis comme le langage des sciences (XIII, 186, 24-4-52), suggère Flaubert. Il incite Louise Colet à s'attacher au "*mot.*" "Tout le talent d'écrire ne consiste après tout que dans le choix des mots. C'est la précision qui fait la force. Il en est en style comme en musique: ce qu'il y a de plus beau et de plus rare c'est la pureté du son" (XIII, 224, 22-7-52). Si Flaubert insiste tant sur l'aspect musical du style (cadence, pureté de son, etc.), c'est qu'une œuvre est également une expérience auditive. La littérature devrait toujours être lue à haute voix.

Flaubert s'abandonne parfois à la vision d'un style idéal, qu'il essaie de rendre par des évocations lyriques. Ce sont toujours les mêmes qualificatifs qui reviennent alors sous sa plume: clair, précis, net, rythmé, mélodieux, touffu et ruisselant de couleur. En voilà un exemple typique. Il vient de lire *Graziella,* en est outré et juge que son auteur n'est pas un écrivain.

> Jamais de ces vieilles phrases à muscles saillants, cambrés, et dont le talon sonne. J'en conçois pourtant un, moi, un style: un style qui serait beau, que quelqu'un fera à quelque jour, dans dix ans ou dans dix siècles, et qui serait rythmé comme le vers, précis comme le langage des sciences, et avec des ondulations, des ronflements de violoncelle, des aigrettes de feu; un style qui vous entrerait dans l'idée comme un coup de stylet, et où votre pensée enfin voguerait sur des surfaces lisses, comme lorsqu'on file dans un canot avec bon vent arrière. (XIII, 186, 24-4-52)

C'est le style qui rend l'Art possible parce qu'en littérature, affirme Flaubert, le *"style est tout"* (XIII, 456, 15/16-1-54). Aussi regrette-t-il que Zola ne parle jamais de "la poésie" et du "style," deux "éléments éternels" (XV, 510, 14-12-76). Or sous "style," il entend bien écrire. "On ne se lasse point de ce qui est bien écrit. Le style c'est la vie! c'est le sang même de la pensée!" (XIII, 405/06, 7-9-53). Il explique à George Sand, sceptique, que

> *bien écrire* est tout, parce que "bien écrire, c'est à la fois bien sentir, bien penser et bien dire" (Buffon). Le dernier terme est donc dépendant des deux autres, puisqu'il faut sentir fortement afin de penser, et penser pour exprimer. (XV, 443, 10-3-76)

Cette étroite dépendance du style permet à Flaubert de déclarer à son cousin Bonenfant, au sujet de *Madame Bovary*: "j'estime par-dessus tout d'abord le style, et ensuite le Vrai" (XIII, 548, 12-56).

Forme et fond sont indissolublement liés, c'est même une distinction qui n'a pas de sens pour Flaubert, "tant qu'on ne m'aura pas, d'une phrase donnée, séparé la forme du fond, je soutiendrai que ce sont là deux mots vides de sens" (XII, 527, 18-9-46). Aussi répondit-il à Mlle Leroyer de Chantepie, qui suggère qu'il fait "trop attention à la forme":

> Hélas! c'est comme le corps et l'âme; la forme et l'idée, pour moi, c'est tout un et je ne sais pas ce qu'est l'un sans l'autre. Plus une idée est belle, plus la phrase est sonore; soyez-en sûre. La précision de la pensée fait (et est elle-même) celle du mot. . . . "Si vous saviez *précisément* ce que vous voulez dire, vous le diriez bien." (XIII, 617, 12-12-57)

Déjà cinq ans auparavant, Flaubert tente de persuader Louise Colet du bien-fondé de sa théorie. "Où la forme, en effet, manque, l'idée n'est plus," lui dit-il. "Chercher l'un, c'est chercher l'autre. Ils sont aussi inséparables que la substance l'est de la couleur" (XIII, 194, 15/16-5-52). En 1876 il explique à George Sand que "la forme et le fond [sont] deux subtilités, deux entités qui n'existent jamais l'une sans l'autre" (XV, 443, 10-3-76).

> De même que tu ne peux extraire d'un corps physique les qualités qui le constituent, c'est-à-dire couleur, étendue, solidité, sans le réduire à une abstraction creuse, sans le détruire en un mot, de même tu n'ôteras pas la forme de l'Idée, car l'Idée n'existe qu'en vertu de sa forme. Suppose une idée qui n'ait pas de forme, c'est impossible; de même qu'une forme qui n'exprime pas une idée. (XII, 527, 18-9-46)

Cette conception, qui est fondamentale pour l'esthétique flaubertienne, ne date pas, comme tant d'autres, de l'époque de la rédaction de *Madame Bovary*. On la trouve déjà exprimée plus tôt, vers 1845, par Jules, le héros de la première *Education sentimentale,* qui est un jeune écrivain. Celui-ci, absorbé par sa "grande étude du style," "observa la naissance de l'idée en même temps que cette forme où elle se fond, leurs développements mystérieux, parallèles et adéquats l'un à l'autre, fusion divine où l'esprit, s'assimilant la matière, la rend éternelle comme lui-même" (VIII, 206).

C'est parce que forme et fond ne font qu'un, que Flaubert peut, à la limite, rêver d'un livre sur rien, où la forme assumerait donc le double rôle.

> Ce qui me semble beau, ce que je voudrais faire, c'est un livre sur rien, un livre sans attache extérieure, qui se tiendrait de lui-même par la force interne de son style, ... un livre qui n'aurait presque pas de sujet ou du moins où le sujet serait presque invisible, si cela se peut. Les œuvres les plus belles sont celles où il y a le moins de matière; plus l'expression se rapproche de la pensée, plus le mot colle dessus et disparaît, plus c'est beau. (XIII, 158, 16-1-52)

Cette conviction qu'une idée n'existe qu'en vertu de sa forme permet également à Flaubert de créer une méthode par laquelle la recherche de l'expression juste garantit la qualité du sujet. Inversement un style médiocre devient la preuve de l'indigence du fond.

> Quand je découvre une mauvaise assonance ou une répétition dans une de mes phrases, je suis sûr que je patauge dans le faux. A force de chercher, je trouve l'expression juste, qui était la seule et qui est, en même temps, l'harmonieuse. Le mot ne manque jamais quand on possède l'idée. (XV, 443/44, 10-3-76)

Par conséquent, dans tout jugement que Flaubert porte sur une œuvre, le style joue un rôle primordial.

5

Mystique de l'Art

Lorsque Flaubert parle de l'Art à Louise Colet ou à Mlle Leroyer de Chantepie, celui-ci se nimbe souvent d'une auréole divine. Il devient, par déviation, l'objet naturel d'une ferveur mystique que le romancier désire ardemment faire partager à ses deux correspondantes préférées. Art et religion sont mis d'emblée sur le même plan. Flaubert va jusqu'à conclure à leur équivalence ce qui lui assure un point de repère fixe. Il les considère, en fait, comme deux facettes du même phénomène. Aussi, les définit-il, en platonicien qu'il est, comme les "deux grandes manifestations de l'idée" (XIII, 421, 12-10-53), qu'il peut substituer l'une à l'autre et ainsi proposer à sa maîtresse de s'aimer *"en l'Art,* comme les mystiques s'aiment *en Dieu,* et que tout pâlisse devant cet amour! ... devant ce grand soleil!" (XIII, 384, 14-8-53).

Cette vision sacralisante de la littérature ne date pas de la période de la rédaction de *Madame Bovary,* bien qu'à cette époque-là, il la définisse plus systématiquement. Déjà à quatorze ans, le jeune Gustave vénère la littérature, telle une divinité toute-puissante comme le prouve l'exhortation par laquelle il termine, en 1835, une lettre à son ami d'enfance, Ernest Chevalier. "Occupons-nous toujours de l'Art qui plus grand que les peuples, les couronnes et les rois, est toujours là, suspendu dans l'enthousiasme, avec son diadème de dieu" (XII, 340, 14-8-35).

L'Art, succédané religieux, surpasse finalement son modèle, comme c'est le cas lorsque Flaubert demande à Louise Colet de faire dans *La Paysanne* les corrections qu'il lui a suggérées. La suppliant "pour l'amour de Dieu" (XIII, 286, 23-1-53), il se reprend, en faisant cette fois appel à l'Art, force plus efficace et plus puissante. L'Art ayant pris la place de la religion, il s'en octroie également les attributs. Par conséquent, en se consacrant à l'Art, on se charge d'une fonction à caractère sacré. Vu les prémisses, l'Art devient tout naturellement un sacerdoce. Flaubert insiste toute sa vie sur cet aspect du rôle de l'écrivain. Aussi est-ce une des critiques fondamentales qu'il adresse à Louise Colet, "tu as bien l'amour de l'Art, mais tu n'en as pas la religion" (XII, 579, s.d.). Aimer l'Art n'est en aucun cas suffisant pour le véritable artiste. A force de conseils et d'admonestations, Flaubert est persuadé d'avoir converti Louise Colet et en 1853, il la félicite d'avoir finalement acquis "*la*

Religion." Il veut alors la convaincre que "comme [elle] gravit[e] là-dedans, [elle] est montée," comme le prouve ses "grands progrès" en poésie (XIII, 392, 21/22-8-53). La conversion lui a donc été bénéfique sur le plan esthétique.

Si cette religion nouvelle est opérante, elle est par contre ardue car elle exige de constants sacrifices. Le premier c'est de renoncer à tout ce qui lui est étranger. Flaubert attache une grande importance à ce rite de purification. "Dégage-toi, . . . en écrivant, de ce qui n'est pas de l'Art pur" (XIII, 236, 13-9-52), enjoint-il à Louise Colet en 1852.

Puisqu'idéalement, écrire c'est entrer en religion; tel un moine, l'écrivain doit "à la porte du sanctuaire . . . [rejeter] la poussière des passions et des bêtises humaines" (XIII, 435, 8-12-53), pour pouvoir accéder à l'Art. Il est donc astreint à un certain ascétisme, ce qui implique entre autres qu'il devra renoncer aux plaisirs quelle que soit leur source, à moins évidemment qu'ils ne soient engendrés par l'Art. Flaubert estime même que l'artiste n'a pas à se préoccuper de sa santé. C'est ainsi qu'explicitement et à de très nombreuses reprises, il établit un parallèle entre l'artiste et le prêtre. "Le vrai poète, pour moi, est un prêtre. Dès qu'il passe la soutane, il doit quitter sa famille" (XIII, 350, 1-6-53), explique-t-il à Louise Colet, en 1853, en parlant de Leconte de Lisle qui, à son goût, n'a pas une assez grande vénération pour l'écriture puisqu'il se laisse absorber par un amour heureux au lieu de se consacrer au sacerdoce de l'Art. Flaubert répète cette même formule à George Sand en 1866 (XIV, 315, 5/6-12-66).

A l'image du prêtre, Flaubert associe celle de l'amazone. "Pour tenir la plume d'un bras vaillant, il faut faire comme les amazones, se brûler tout un côté du cœur" (XIII, 350, 1-6-53; XIV, 393, 18/19-12-67; XIV, 85, 9/10-61). Il se plaît à les voir comme des doubles de l'écrivain parce que tous trois ont consenti à de grands sacrifices pour un but qui transcende leur bien-être immédiat. Mais la valeur du sacerdoce vient avant tout du fait qu'il tient le prêtre à l'écart des autres. Flaubert considère cet isolement comme vital pour l'écrivain. En ne participant pas à la vie de ses contemporains, comme le moine, il peut mieux l'observer et la comprendre. Il sera ainsi plus apte à la recréer. En outre une vie pleine engloutit l'homme dans des préoccupations frivoles qui le détourneraient de l'Art. "Mêlé à la vie," déclare Flaubert, "on la voit mal, on en souffre ou [on] en jouit trop" (XIII, 102, 15-12-50).

Cette conception de l'écriture comme ostracisme volontaire amène Flaubert à voir dans l'écrivain un martyr de l'Art.[9] Or en tant que tel, il est promis à une ascension quasi mystique qui mène jusqu'à l'extase et la rédemption, ce qui ne l'empêche nullement d'être d'autre part la proie d'incessantes angoisses (XIV, 315, 5/6-12-66). Flaubert explique que l'artiste "ne va au ciel que par le martyre. On y monte avec une couronne d'épines, le cœur percé, les mains en sang et la figure radieuse" (XIII, 418, 30-9-53). Il insiste souvent auprès de Louise Colet, cherchant à la réconforter, que l'Art offre à ses fidèles des rétributions inespérées. Improvisant sur le thème goethéen de Mignon, il lui suggère, par exemple, que "si la vie est mauvaise . . . est-ce que l'idéal n'est pas bon et l'Art resplendissant? C'est là, c'est là qu'il faut aller" (XIII, 423, 23-10-53). Un mois plus tard, il essaie d'élaborer sa conception idéale de cet art-religion en empruntant un schéma platonicien dans lequel on aurait substitué la Parole à l'idée suprême du Bien. Flaubert a également recours à un discours associatif et poétique pour déchiffrer cette révélation mystique:

> Au-dessus de la vie, au-dessus du bonheur, il y a quelque chose de bleu et d'incandescent, un grand ciel immuable et subtil, dont les rayonnements qui nous arrivent suffisent à animer des mondes. La splendeur du génie n'est que le reflet pâle de ce Verbe caché. (XIII, 433, 29-11-53)

Lorsqu'il parle de ce "Verbe caché," quintessence de l'Art, et modèle absolu dont l'artiste, "pâle reflet," s'inspire constamment, Flaubert est en fait assez proche de sa vision d'adolescent (XII, 340, 14-8-35). Mais l'Art, Dieu trônant sur tout, est devenu plus éthéré, plus abstrait, il s'est coulé dans un moule philosophique et religieux.

Flaubert ne se lasse pas d'évoquer l'ivresse qu'on éprouve à s'immerger dans la littérature. En 1857, par exemple, il décrit à Mlle Leroyer de Chantepie l'extase dans laquelle on est jeté en présence de l'Art, qu'on en prenne connaissance par la lecture ou par la création elle-même. Il considère cette exaltation comme un état béni et parle même de "sainteté" qu'il estime supérieure à l'autre puisqu'elle est gratuite et n'escompte aucune récompense ultérieure.

> C'est une grande volupté que d'apprendre, que de s'assimiler le Vrai par l'intermédiaire du Beau. *L'état idéal* résultant de cette joie me semble une espèce de sainteté, qui est peut-être plus haute que l'autre, parce qu'elle est plus désintéressée. (XIII, 571, 30-3-57)

Flaubert prône également un autre aspect de l'extase esthétique. Il s'agit de la profonde jouissance que ressent l'artiste. Celle-ci dépasse de loin tous les autres plaisirs que l'homme peut goûter. Cette jouissance n'est pas exclusivement liée à la création, un lecteur peut tout aussi bien l'éprouver, à la condition qu'il soit attentif et capable de se laisser entraîner par l'œuvre. Voilà ce qu'affirme Flaubert, en tout cas dans sa jeunesse.

> Et de quoi parlerait-on, encore une fois, si ce n'est de ce qui est la préoccupation exclusive de votre esprit? Pour moi, je ne sais pas comment font pour vivre les gens qui ne sont pas du matin au soir dans un état esthétique. J'ai goûté plus qu'un autre les plaisirs de la famille, autant qu'un homme de mon âge, les joies des sens; plus que beaucoup, celles de l'amour. Eh bien, jamais personne ne m'a donné une jouissance approchante à celles que m'ont fournies quelques morts illustres dont je lisais ou contemplais les œuvres. (XII, 542, 3-10-46)

Plus tard, lorsqu'il a lui-même écrit plusieurs romans, il ne considère plus que la création comme source de jouissance. Questionné par Taine sur la parenté de sensations engendrées par l'hallucination et "l'intuition artistique," Flaubert, en novembre 1866, décrit la béatitude qui l'envahit, lors de son activité littéraire:

> N'assimilez pas la vision intérieure de l'artiste à celle de l'homme vraiment halluciné. Je connais parfaitement les deux états; il y a un abîme entre eux. Dans l'hallucination proprement dite, il y a toujours terreur, on sent que votre personnalité vous échappe, on croit qu'on va mourir. Dans la vision poétique, au contraire, il y a joie. C'est quelque chose qui entre en vous. Il n'en est pas moins vrai qu'on ne sait plus où l'on en est. (XIV, 312, 11-66)

C'est l'ascèse même.

On découvre la même extase treize ans plus tôt, après que Flaubert a passé une journée entière totalement absorbé par la rédaction de *Madame Bovary*. "Voilà une des rares journées de ma vie que j'ai passée dans l'illusion, complètement et depuis un bout jusqu'à l'autre" (XIII, 441, 23-12-53). Là aussi l'acte créateur déclenche un déferlement de joie qui le submerge. Comme dans l'union mystique, il s'y abandonne totalement. Le moi, perdant son identité, se dissout dans le monde créé par l'écrivain.

> . . . c'est une délicieuse chose que d'écrire, que de ne plus être *soi,* mais de circuler dans toute la création dont on parle. Aujourd'hui par exemple, homme et femme tout ensemble, amant et maîtresse à la foi, je me suis promené à cheval dans une forêt, par un après-midi d'automne, sous des feuilles jaunes, et j'étais les chevaux, les feuilles, le vent, les paroles qu'ils se disaient et le soleil rouge qui faisait s'entrefermer leurs paupières noyées d'amour. Est-ce orgueil ou piété, est-ce le débordement niais d'une satisfaction de soi-même exagérée? ou bien un vague et noble instinct de religion? Mais quand je rumine, après les avoir subies, ces jouissances-là, je serais tenté de faire une prière de remerciement au bon Dieu, si je savais qu'il pût m'entendre. Qu'il soit donc béni pour ne pas m'avoir fait naître marchand de coton, vaudevilliste, homme d'esprit, etc.! (XIII, 442, 23-12-53)

Le premier témoignage de cette exubérance engendrée par l'écriture date de 1836, lorsqu'à quinze ans, il rédige le dernier paragraphe de son conte *Un Parfum à sentir*. "Vous ne savez peut-être pas quel plaisir c'est: composer. Ecrire! oh! écrire c'est s'emparer du monde, de ses préjugés, de ses vertus et le résumer dans un livre; c'est sentir sa pensée naître, grandir, vivre, se dresser debout sur son piédestal, et y rester toujours" (XI, 260).

A l'état extatique correspond son envers, ce que Flaubert surnomme les *"affres du style"* (XIV, 308, 27-11-66). C'est une condition beaucoup plus fréquente que les rares moments d'exaltation. "Mais la vie est courte et l'Art est long, presque impossible même lorsqu'on écrit dans une langue usée jusqu'à la corde, vermoulue, affaiblie et qui craque sous le doigt à chaque effort. Que de découragements et d'angoisses cet amour du Beau ne donne-t-il pas?" (XIII, 661, 18-2-59). Dans ce cas également, Flaubert a recours avant tout, à un modèle religieux. Par des descriptions hautement lyriques, il dévoile un Art qui s'incarne en une divinité jalouse, despotique et destructrice. "L'Art ... se repaît d'holocaustes. Allons! déchire-toi, flagelle-toi, ... crache sur ton corps, arrache ton cœur! Tu seras seul. ... [mais] après chaque saignée la chair pèsera moins" (XIII, 390, 21/22-8-53). Il oscille entre la vision d'un dieu anthropophage, dévorant ses propres prêtres, et une conception plus proche du christianisme où c'est de plein gré qu'on devient un martyr, pour la gloire de la divinité. Flaubert reprend à son compte le mythe romantique de l'écrivain-pélican. "Les bourgeois ne se doutent guère que nous leur servons notre cœur. La race des gladiateurs n'est pas morte, tout artiste en est un. Il amuse le public de ses agonies" (XIII, 675, 10-59).

L'écrivain, face à l'Art sacral, ressent un malaise qui est invisagé tout d'abord sous l'aspect d'un océan dont l'immensité le menace dans sa précarité même. "Quand je considère mes plans d'un côté et l'Art de l'autre, je m'écrie comme les marins bretons: 'Mon Dieu, que la mer est grande et que ma barque est petite'!" (XII, 541, 30-9-46; XII, 606, 17-9-47; XII, 546, 7-10-46). En 1846, Flaubert utilise maintes fois cette même image. L'angoisse face à l'écriture prend, le plus fréquemment, la forme d'un affrontement entre l'incommensurabilité comminatoire de l'Art et l'insignifiance intrinsèque de l'écrivain. Il y a une certaine évolution, on passe à l'image d'un abîme engloutissant l'artiste. "Oh, l'Art! l'Art! quel gouffre! et que nous sommes petits pour y descendre, moi surtout!" (XII, 611, 10-47). Mais là encore, le malaise naît du rapport disproportionné des forces en présence. A la même époque, Flaubert confesse qu'il est en proie à "une espèce de terreur religieuse" (XII, 544, 4-10-46) avant de commencer une œuvre. Pendant son adolescence il se plaint parfois de l'Art. Celui-ci s'incarne alors en un "fantôme" séduisant par son apparence engageante mais qui ne répond pas à l'attente. Après avoir attiré le novice, il se révèle une source de perdition. "O l'Art, l'Art, déception amère, fantôme sans nom qui brille et qui vous perd!" (XII, 351, 26-12-38). Quinze ans plus tard, Flaubert reprend la même image, mais il l'envisage sous un angle plus destructeur. Le "fantôme" de l'enfance s'est transformé en une "chimère enragée" qui dévore l'artiste (XIII, 407, 12-9-53). Au lieu d'être pris d'un émerveillement apeuré devant l'Art, comme à dix-sept ans, ou de craindre qu'il ne l'absorbe, comme à vingt-cinq; Flaubert, en 1853, se rebelle et met en question la douleur qui lui est ainsi infligée par l'Art. La révolte n'est qu'intermittente. Face à l'Art, la crainte et le respect sont les sentiments qui continuent à dominer, comme le prouve ce qu'il confie en 1872 à sa nièce: "Je ne suis pas bégueule, mais je trouve que l'on doit avant tout respecter l'art" (XV, 159, 14-9-72).

Flaubert est le premier à reconnaître qu'il tourne à un "mysticisme esthétique" (XIII, 232, 4-9-52) et il s'en vante. Lui qui professe une profonde aversion pour les dogmes religieux, comment peut-il arborer une telle ferveur mystique en ce qui concerne l'Art? C'est que chez lui la religiosité esthétique dérive directement de l'importance primordiale qu'il attache à l'Art, elle n'en est nullement la cause. Ayant conçu l'Art comme un principe premier, il est d'autre part attiré par ce qu'il considère comme la force poétique de la religion. Aussi lui emprunte-t-il consciemment ses symboles et son champ sémantique pour les utiliser à des fins purement métaphoriques. Récitant son credo esthétique à Mlle Leroyer de Chantepie, Flaubert lui dit:

> ... ce qui m'attire par-dessus tout, c'est la religion. Je veux dire toutes les religions, pas plus l'une que l'autre. Chaque dogme en particulier m'est répulsif, mais je considère le sentiment qui les a inventés comme le plus naturel et le plus poétique de l'humanité. ... J'y découvre ... nécessité et instinct. (XIII, 570, 30-3-57)

6

L'Art, but suprême

Une des premières qualités que Flaubert exige de l'art, c'est que celui-ci soit capable de susciter des visions. "Le plus haut dans l'Art (et le plus difficile). . . . [c'est] d'agir à la façon de la nature, c'est-à-dire de *faire rêver*" (XIII, 399, 26-8-53), explique-t-il à Louise Colet. Les rêves que devrait suggérer l'art ne sont pas de nature émotive. Il ne s'agit pas de rêveries d'ordre romantique mais au contraire de tableaux tels que pourrait en engendrer la contemplation de la nature (XIII, 323, 6-4-53). Flaubert estime hautement cette faculté de faire rêver mais il ne la découvre qu'extrêmement rarement chez ses contemporains. En relisant Michelet, en 1861, il reconnaît que l'historien lui donne souvent "des rêveries immenses."

> Ces pages . . . me versaient à flots tout ce que je demandais ailleurs vainement: poésie et réalité, couleur et relief, faits et rêveries; ce n'étaient pas des livres pour moi mais tout un monde. (XIV, 61, 26-1-61)

> Vous nous donnez des rêveries immenses. (XIV, 62, 26-1-61)

> Ces pages. . . . font rêver à chaque ligne. Quand on vous lit, on a envie de faire des livres. (XIV, 69, 6-6-61)

> Tout ce que cela suggère d'idées nouvelles, d'aperçus, de rêveries, est infini! (XIV, 218, 11-64)

Trois pièces des *Fleurs du mal* l'ont également "fait énormément rêver" (XIII, 573, 4-57). Mais ce sont les seules fois qu'il mentionne cette qualité dans ses commentaires critiques concernant ses contemporains.

Le rêve est toujours ressenti comme un état d'enchantement, d'éblouissement mais aussi de sérénité (XIII, 265, 9-12-52).[10] A la limite, la notion flaubertienne de "rêve" peut se confondre à celle d'illusion artistique. "La première qualité de l'Art et son but est l'*illusion*" (XIII, 409, 16-9-53). "L'important avant tout est . . . de donner une illusion" (XIII, 608, 8-10-57). C'est au nom de cette illusion artistique que Flaubert, toute sa vie, lutte avec acharnement contre l'illustration de ses textes. "L'explication d'une forme artistique par une autre forme d'une autre espèce est une monstruosité" (XIV,

417, 67 ou 68), explique-t-il à Alfred Baudry. A Ernest Duplan, qui doit aller négocier avec l'éditeur Lévy, à propos de *Salammbô,* Flaubert déclare: "Jamais, moi vivant, on ne m'illustrera" (XIV, 111, 12-6-62). S'il est si farouche, c'est que l'illustration par la précision de son dessin détruit le rêve en le dépouillant de son caractère universel et suggestif. L'image que Flaubert s'efforce de créer doit avoir "ce caractère de généralité, cette concordance avec mille objets connus qui font dire au lecteur: 'J'ai vu cela' ou 'Cela doit être'" (XIV, 111, 12-6-62). L'illustration graphique, en restreignant les virtualités que comporte le texte écrit, détruit l'essence même de ce que Flaubert appelle le "rêve."

> Ce n'était guère la peine d'employer tant d'art à laisser tout dans le vague, pour qu'un pignouf vienne démolir mon rêve par sa précision inepte. (XIV, 114, 24-6-62)

> L'idée est dès lors fermée, complète, et toutes les phrases sont inutiles, tandis qu'une femme écrite fait rêver à mille femmes. (XIV, 111, 12-6-62)

Le thème du voyage est étroitement lié à celui du rêve. L'exploration et le dépaysement ne sont en aucun cas réservés exclusivement à l'écrivain, le lecteur peut tout aussi bien y participer. Mais c'est évidemment de l'expérience créatrice dont Flaubert jouit avant tout. Emerveillement, découvertes multiples, totale osmose entre le moi et le monde imaginé, mais aussi fatigue, tels sont les éléments dominants dans l'Art vu comme voyage.

> Une œuvre, quelle qu'elle soit, est pour moi un long voyage. (XIV, 113, 6-62)

> On doit toujours s'embarquer dans une œuvre comme un corsaire dans son navire, avec l'intention d'y faire fortune, des provisions pour vingt campagnes, et un courage intrépide. On part, mais on ne sait pas quand on reviendra! On peut faire le tour du monde. (XIII, 477, 25/26-3-54)

Flaubert conçoit le rôle idéal de l'Art dans une distanciation des choses et une attitude ironique envers la vie et les hommes qui l'aide à démasquer les mécanismes de l'existence. Il faut ensuite, à l'aide du style, synthétiser les éléments premiers. Ce processus comporte une part de violence dont Flaubert a très tôt conscience. Dès l'adolescence, il revendique pour l'écrivain le rôle de "démoralisateur." "Si jamais je prends une part active au monde, ce sera comme penseur et comme démoralisateur. Je ne ferai jamais que dire la vérité, mais elle sera horrible, cruelle et nue" (XII, 352, 24-2-39). Il envisage la littérature comme un labeur subversif qui aboutit à une érosion systématique des poncifs, des convictions sociales et des dogmes politiques, ce qu'il appelle les "idées reçues." C'est pourquoi il reproche aux Goncourt, par exemple, de ne pas avoir démythifié la sainteté de la religieuse dans *Sœur Philomène.* La capacité de démythification est un des points fondamentaux qui distingue l'Art de la mauvaise littérature, qui elle reste un pilier sûr et incontesté du statu quo. Le véritable écrivain, au contraire, par son doute absolu sape l'ordre établi jusque dans ses fondements et permet ainsi à l'Art d'atteindre son but. L'humour est un élément vital dans ce dévoilement. Un certain "sens du comique" (XIII, 470, 2/3-3-54) est donc indispensable à l'écrivain, aussi Flaubert reproche-t-il à Leconte de Lisle d'en manquer totalement. On trouve, chez Flaubert, une véritable apologie du rire. "Le rire," affirme-t-il, "c'est le dédain et la compréhension mêlés, et en somme la plus haute manière de voir la vie, le 'propre de l'homme,' comme dit Rabelais" (XIII, 470, 2/3-3-54).

L'écrivain, qui par son écriture corrosive parvient à démasquer la doxa, n'a pas uniquement recours à l'ironie. Il doit aussi faire appel à une empathie intense avec son sujet dont dérive alors une vision en profondeur, ce que Flaubert nomme une *"pénétration de l'objectif"* (XIII, 374, 7/8-7-53). L'écrivain se laisse donc envahir par la réalité extérieure qui doit complètement le saturer avant qu'il puisse la reproduire dans l'art et que le lecteur, à son tour, puisse l'appréhender grâce à l'illusion artistique. "Il faut que la réalité extérieure entre en nous, à nous faire presque crier, pour la bien reproduire," explique Flaubert (XIII, 374, 7/8-7-53). "Je me suis toujours efforcé d'aller dans l'âme des choses" (XV, 430, 12-75). Le manque de relief, qui pour Flaubert découle principalement de l'intérêt exclusif pour l'aspect externe des choses, est par conséquent un défaut majeur. Par sa vue superficielle de la réalité il trahit l'absence de cette imprégnation du réel que doit subir tout écrivain. Ce n'est qu'après avoir été soumis à ce processus qu'il se distance de la réalité pour la recréer dans son essence. Distanciation et imprégnation ne sont donc pas contradictoires pour Flaubert, mais marquent des stades divers de la création littéraire.

"Ce qui me plaît avant tout dans votre livre," écrit-il à Baudelaire à propos des *Fleurs du mal*, "c'est que l'Art y prédomine" (XIII, 595, 13-7-57). Pour la même raison, il fait des réserves sur la poésie de Leconte de Lisle. Il estime que le poète parnassien n'est pas assez exclusivement dévoué à l'Art (XIII, 465, 3-2-54) et que ses préoccupations sentimentales menacent de paralyser son pouvoir créateur. C'est également au nom de l'importance capitale de l'Art qu'il refuse d'en parler avec des indifférents. "Tu regardes ce sujet comme tout secondaire, comme quelque chose d'amusant, entre la politique et les nouvelles? Pas moi, pas moi! . . . L'esprit a sa pudeur" (XII, 613, 7-11-47). La prépondérance absolue de l'Art, dépouillé de tout ce qui pourrait l'entraver, est le pivot sur lequel repose toute l'esthétique flaubertienne. Flaubert en est convaincu très tôt:

> J'ai eu . . . presque enfant, une grande passion. Quand elle a été finie, j'ai voulu alors faire deux parts, mettre d'un côté l'âme que je gardais pour l'Art, de l'autre le corps qui devait vivre n'importe comment. (XII, 527, 18-9-46)

Il ne changera jamais d'opinion sur ce point. "Décidément, il n'y a que la sacro-sainte littérature qui m'intéresse" (XV, 106, 19-2-72). Ou: "Il m'ennuie du style" (XV, 110, 3-72), explique-t-il à George Sand.

L'Art n'est pas seulement le but unique des activités de l'artiste qui doit s'y donner corps et âme, mais finalement, l'Art, c'est tout. Plutôt que d'une prédominance, il s'agit d'une valorisation poussée au paroxysme. L'Art, but suprême, est ainsi déclaré le centre absolu et par conséquent il devient le point de convergence et de rayonnement. Il relègue donc la réalité à la seule fonction de fournir la matière à des livres en quoi elle trouve sa justification. Une telle conception est basée sur un schéma platonicien où l'Art a pris la place du Bien. L'Art, en tant qu'objet parfait, attire tout à lui. Son intensité d'aimantation explique l'amour exclusif que lui voue l'artiste. "Tout est là, l'amour de l'Art," suggère-t-il à Louise Colet (XII, 508, 30-8-46) et il lui conseille vivement d'aimer "plutôt l'Art que moi. Cette affection-là ne te manquera jamais" (XII, 511, 2-9-46). Il lui avoue qu'à "mesure que je me détache des artistes, je m'enthousiasme davantage pour l'Art" (XII, 606, 17-9-47). Telle l'idée platonicienne du Bien, l'Art, par son universalité et son immortalité, transcende la fugacité de l'artiste. Flaubert a recours à une image astrale pour exprimer la permanence de l'Art. "L'Art, comme une étoile, voit la terre rouler sans s'en émouvoir, scintillant dans son azur" (XII, 509, 30-8-46). L'Art, valeur suprême, est l'étalon qui sert à juger une œuvre. Il est aussi l'idéal vers lequel on devrait tendre (XIII, 406, 7-9-53). Finalement il suffit à sa propre justification. "L'Art, principe complet de lui-même et qui n'a pas plus besoin d'appui qu'une étoile" (XII, 492, 12-8-46). On ne peut distinguer l'Art de l'Idée. Pour Flaubert, les deux concepts sont interchangeables. Dans le même souffle, il peut écrire à Louise Colet: "aime plutôt l'Art que moi. . . . Adore l'Idée; elle seule . . . est éternelle" (XII, 511, 2-9-46). L'Art vu comme but suprême, appartient à l'ordre supérieur de l'Idée dont Flaubert donne en 1854 la définition suivante:

> Ne sens-tu pas qu'il y a dans la vie quelque chose de plus élevé que le bonheur, que l'amour et que la religion, parce qu'il prend sa source dans un ordre plus impersonnel, quelque chose qui chante à travers tout, soit qu'on se bouche les oreilles ou qu'on se délecte à l'entendre, à qui les *contingents* ne font rien . . . : je veux dire l'Idée? C'est par là qu'on s'aime, quand on vit par là. (XIII, 482, 12/13-4-54)

Bien que l'Art ait l'apparence de la vie, il en est en fait la négation (XII, 521, 14-9-46). Flaubert décrit longuement ce processus de sublimation, ce qu'il appelle "une chimie merveilleuse" qui force l'artiste à tirer de ses dures expériences, des épreuves subies et des faits bruts, un texte qui tout en reflétant ses origines, lui est, par sa permanence, fondamentalement étranger.

> A-t-on compté tout ce qu'il faut de bassesses contemplées pour constituer une grandeur d'âme? tout ce qu'il faut avoir avalé de miasmes écœurants, subi de

chagrins, enduré de supplices, pour écrire une bonne page? . . . Nous tirons des putréfactions de l'humanité des délectations pour elle-même. . . . Le Fait se distille dans la Forme et monte en haut, comme un pur encens de l'Esprit vers l'Eternel, l'Immuable, l'Absolu, l'Idéal. (XIII, 442/43, 23-12-53)

L'Idée [est la] contemplation de l'immuable. (XII, 521, 14-9-46)

L'Art n'est pas tant une évasion qu'une manière de vivre. Flaubert ne se jette pas dans l'Art pour échapper à la vie, il fuit la vie pour n'appartenir qu'à l'Art. L'Art n'est pas considéré comme un refuge mais comme le seul élément essentiel pour vivre. "Un livre n'a jamais été pour moi qu'une *manière de vivre*" (XIII, 648, 26-12-58), affirme-t-il. "Je suis comme l'Egypte," explique-t-il à Louise Colet: "il me faut, pour vivre, la régulière inondation du style. Quand elle manque, je me trouve anéanti comme si les sources fécondantes étaient rentrées en terre, je ne sais où, et je sens par-dessus moi passer d'innombrables aridités qui me soufflent au visage le désespoir" (XIII, 477, 25/26-3-54).

DEUXIEME PARTIE

Attitude critique

Alors que les commentaires de Flaubert sur l'esthétique peuvent être réduits à quelques idées principales, les jugements qu'il porte sur les œuvres de ses contemporains, au contraire, ne semblent se référer à aucun système cohérent. Dans son credo artistique, Flaubert suit dans ses grandes lignes une esthétique essentialiste, de type classique mais qui a subi certaines influences du romantisme. Ce qui frappe au premier abord, c'est que Flaubert utilise peu les critères qu'il formule dans ses exposés esthétiques quand il fait la critique d'une œuvre contemporaine. Dans ses lettres, on a rarement un jugement littéraire explicite mais plutôt des réactions de tempérament. La critique flaubertienne n'est donc pas intellectuelle mais viscérale. En lisant cette pratique critique selon l'optique d'une thématique obsessionnelle, on découvre, étant à l'écoute de l'inconscient du texte, que ces thèmes critiques sont basés sur des critères existentiels. Malgré leur profusion ils peuvent être réduits à une série cohérente d'oppositions binaires. On peut déduire ces catégories des obsessions qui se révèlent dans des leitmotive et des mots clés tels que le sang, l'eau, le marbre ou le suintement. Les commentaires flaubertiens renvoient à un système de référence qui n'est pas toujours sur un plan rationnel et qui a souvent sa source à un niveau subconscient. On parvient à structurer la pratique critique flaubertienne grâce à une bipolarisation positive-négative. Les catégories critiques qui en résultent, s'articulent entre elles, s'emboîtent les unes dans les autres et aboutissent à une double paire essentielle qui contient virtuellement toutes les autres, c'est-à-dire la paire mâle/femelle et sa transposition en termes littéraires la paire artiste/poète. Ces catégories que l'on peut tirer de la critique flaubertienne sont les suivantes:

labeur / talent

cœur / esprit

force / faiblesse

dur / liquide

exagération / subtilité

cohérence / désintégration

mâle / femelle

artiste / poète

Un tel schéma permet, sous l'aspect du discontinu de ses réactions tempéramentielles, d'appréhender une cohérence fondamentale de sa pensée esthético-critique.

7

Labeur / Talent

Dans la bipolarisation des critères à la base de la critique flaubertienne, on trouve la paire oppositive labeur/talent. C'est que Flaubert vit la création littéraire en tant que travail acharné. Celui-ci consiste dans une interminable quête d'information, une érudition sans cesse approfondie mais avant tout dans une écriture constamment recorrigée.

> La vie est courte et l'Art est long, presque impossible. (XIII, 661, 18-2-59)

> *Travaillez* excessivement à un travail dur et long. Tout amuse quand on y met de la persévérance. (XIII, 636, 11-7-58)

"On n'arrive à la vérité (et à la moralité) qu'à force de temps, d'art et de patience" (XVI, 303, 30-1-80), écrit-il à Raoul-Duval à propos de son pamphlet *L'Agriculture et la liberté commerciale*. L'écrivain se livre à une recherche journalière qui, par une tension toujours renouvelée, aboutit au texte. Il s'agit d'une conviction quasi religieuse que seul le travail dur donne à l'idée son expression parfaite. A la romancière Amélie Bosquet, Flaubert écrit: "Vous avez beau me soutenir que vous travaillez, je vous affirme que non. J'entends, par travailler, lutter contre les difficultés et ne laisser une œuvre que lorsqu'on n'y voit plus rien à faire. . . . Acharnez-vous" (XIV, 353, 21-5-67). L'effort est donc valorisé à l'extrême. C'est pourquoi il déclare aimer les "œuvres qui *sentent la sueur*" (XIII, 400, 26-8-53). Dans une telle conception de l'art, la persévérance est indispensable. Flaubert en est déjà convaincu en 1846 lorsqu'il écrit à Louise Colet qu'"on n'arrive au style qu'avec un labeur atroce, avec une opiniâtreté fanatique et dévouée" (XII, 496, 15-8-46). On ne parvient à faire de belles œuvres qu'à force de patience et d'énergie, en se raidissant contre les difficultés et les découragements qui surgissent continuellement (XIII, 184, 24-4-52). La *Correspondance* flaubertienne est une longue litanie des "affres du style" que doit subir le romancier. Pour gagner ce combat, c'est la persévérance qui est la meilleure arme. En 1846, Flaubert écrit à Emmanuel Vasse:

> Ce que j'aime en toi, c'est que tu les [travaux] continues avec persévérance et âpreté, choses rares à notre époque où petits et grands ne travaillent que par fragments, sans avoir les uns ni la vue, les autres ni le courage de l'ensemble. (XII, 475, 4-6-46)

Tandis qu'à Louise Colet il suggère:

> Ce ne sont pas les grands dîners et les grandes orgies qui nourrissent, mais un régime suivi, soutenu. Travaille chaque jour patiemment un nombre d'heures égales. Prends le pli d'une vie studieuse et calme. (XII, 571, 13-12-46)

"Le mot de Buffon," déclare Flaubert, "est un grand blasphème: le génie n'est pas une longue patience. Mais il a du vrai et plus qu'on ne le croit, de nos jours surtout" (XII, 496, 15-8-46 et XII, 572, 13-12-46). Sur ce point Flaubert évolue un peu. Cette maxime de Buffon, il est toujours plus tenté à la faire sienne comme il l'explique à Louise Colet en 1852: "Je ne crois pas que ce soit le génie, la patience; mais c'en est le signe quelquefois et ça en tient lieu" (XIII, 236, 13-9-52). Il ira jusqu'à dire: "Quand le génie manque, la volonté, dans une certaine limite, le remplace" (XIII, 333, 22-4-53). Flaubert, par conséquent, apprécie tout écrivain qui est en butte aux mêmes difficultés et il a tendance à juger ses œuvres plus favorablement. Parlant des écrivains du XVIIe siècle, il s'exclame:

> Quelle conscience! Comme ils se sont efforcés de trouver pour leurs pensées les expressions justes! Quel travail! quelles ratures! . . . Ainsi toute leur idée y est, la forme est pleine, bourrée et garnie de choses jusqu'à la faire craquer. (XIII, 319, 31-3-53)

Que l'art se conquière par la persévérance et le travail implique une part de douleur, bien que l'artiste s'immole par choix. La souffrance joue un rôle très important dans la perception flaubertienne de l'art. "On n'arrive au style qu'avec un labeur atroce" (XII, 496, 15-8-46). La littérature est parfois conçue comme une maladie incurable. "Elle [littérature] est devenue chez moi une vérole constitutionnelle; il n'y a pas moyen de s'en débarrasser" (XIII, 600, 5-8-57), déplore-t-il. Mais la douleur, dans l'univers flaubertien, est une donnée positive.

> Nous ne valons peut-être quelque chose que par nos souffrances, car elle sont toutes des aspirations. (XIII, 612, 4-11-57)

> A mesure qu'on s'élève dans l'échelle des êtres, la faculté nerveuse augmente, c'est-à-dire la faculté de souffrir. Souffrir et penser seraient-ils donc même chose? Le génie, après tout, n'est peut-être qu'un raffinement de la douleur. (XIII, 416, 30-9-53).

> La dimension d'une âme peut se mesurer à sa souffrance. (XIII, 316, 27-3-53)

Flaubert reproche à "tous les socialistes du monde" de vouloir "nie[r] la douleur" et il les accuse de "blasphéme[r]" ainsi les "trois quarts de la poésie moderne" (XIII, 233, 4-9-52). A la douleur se mêle même une composante de plaisir. Déjà en 1846, Flaubert parle de l'"effroi voluptueux" (XII, 553, 14-10-46) que suscite la création littéraire. Huit ans plus tard il avoue qu'écrire est "quelque chose de bien atrocement délicieux" (XIII, 462, 29-1-54). Dès ses premiers essais littéraires Flaubert est partagé par l'ambivalence de ses sentiments envers l'art. Dans l'acte créateur, douleur et joie sont inséparablement mêlés. Peu à peu les deux pôles se rejoignent et deviennent même interchangeables. Dès 1852, le masochisme flaubertien s'exprime librement. Bien que toujours latent, il est parfois vigoureusement nié comme c'est le cas à propos de l'article sur *Salammbô* rédigé par Sainte-Beuve où celui-ci lui reproche une "pointe d'imagination sadique" (II, 443, 23/24-12-62) qui est en fait un reflet du masochisme de l'auteur. Là Flaubert est révolté que le critique ait pu suggérer que dans ce roman l'auteur prenne plaisir aux multiples souffrances infligées aux personnages. Ce n'est pas que Flaubert renie son masochisme, il refuse simplement de l'avouer publiquement par crainte de nouvelles poursuites judiciaires. Il ne le refoule en aucun cas. Au contraire, à de nombreuses reprises, il confie à ses interlocutrices (Louise Colet, Mlle Leroyer de Chantepie ou George Sand) et à Feydeau et Maurice Sand des pensées masochistes telles que "la douleur est un plaisir" (XIV, 11, 11-59), "il arrive un moment où *l'on a besoin de se faire souffrir,* de haïr sa chair" (XIII, 274, 27-12-52). "Avez-vous remarqué," demande-t-il à Mlle Leroyer de Chantepie, "comme nous aimons nos douleurs?" (XIII, 612, 4-11-57). A Louise Colet il avoue même en 1852: "J'aime mon travail d'un amour frénétique et perverti, comme un ascète le cilice qui lui gratte le ventre" (XIII, 184, 24-4-52). Il répète la même chose à George Sand, dix-huit ans plus tard: "Quant à ma rage de travail, je la comparerai à une dartre. Je me gratte en criant. C'est à la fois un plaisir et un supplice" (XIV, 461, 1-1-69). A Mlle Leroyer de Chantepie il écrit:

> Ces tortures dont vous vous plaignez ... ont un charme pourtant et vous tâchez de les aviver encore en y appliquant toute la réflexion de votre esprit. (XIV, 73, 9-7-61)

> On est incurable quand on chérit sa souffrance. (XIV, 29, 30-3-60)

> Mais au milieu de cette douleur ... n'éprouvez-vous pas une sorte de plaisir ... un plaisir trouble et effrayant? (XIII, 571, 30-3-57)

Et à Maurice Sand:

> Il ne faut pas se griser avec son chagrin, malgré l'attrait qu'on y trouve. (XV, 504, 31-10-76)

Les douleurs ressenties par le créateur peuvent même devenir une preuve de la qualité d'une œuvre. Le plaisir qu'on y prend n'est alors qu'une conséquence de la valorisation de la souffrance. On retombe ainsi dans le thème de l'écriture-martyre.

C'est donc le second élément de l'opposition labeur/talent que Flaubert voit avec désapprobation. Il se méfie énormément du talent qu'il égale à la facilité. L'écrivain digne de ce nom doit le surmonter à tout prix. Le permier jet n'est rien. L'artiste ne doit jamais s'y fier. Le talent est par conséquent considéré comme un dangereux handicap dont Musset est le meilleur exemple. Flaubert fait du talent un synonyme de la médiocrité.[1] Croire dans l'inspiration, c'est tomber dans le piège de la facilité. "Il faut se méfier," dit Flaubert, "de tout ce qui ressemble à de l'inspiration et qui n'est souvent que du parti pris et une exaltation factice" (XII, 571, 13-12-46). A plus forte raison si elle est alimentée par l'amour ou la boisson. Flaubert se moque systématiquement de la vision de Musset qu'il estime puérile. Il insiste que lui a renoncé très tôt à sa croyance d'adolescent que l'alcool et le bordel inspirent (XIII, 217, 5/6-7-52 et XIII, 213, 26/27-6-52). En se laissant guider par l'inspiration, l'écrivain court à sa perte. Flaubert n'en veut comme preuve que l'exemple des poètes romantiques tels Lamartine et Musset. L'inspiration, par essence contraire à l'effort "forcené" que doit fournir l'écrivain, est une condition et un garant de l'échec en art. La facilité, dans la thématique flaubertienne, appartient au domaine de l'aqueux, qui est une des manifestations de l'élément femelle. C'est une raison supplémentaire pour la doter d'une connotation négative. A la facilité d'écrire est liée l'abondance. Elle fait tout naturellement partie de la fluidité. Flaubert la décèle entre autres chez George Sand. Il considère que les idées de la romancière coulent comme des fleuves; et ses romans sont basés sur le même schéma. Ce n'est certainement pas un compliment de la part de Flaubert, puisque l'effort, élément positif, est apparemment nié. La facilité et l'abondance balzaciennes jettent aussi une ombre sur l'admiration que Flaubert éprouve à l'égard du romancier. Victor Hugo, grâce à son ampleur, ne tombe plus dans la catégorie des abondants. Par l'excès, il échappe aux stigmates associés à toute littérature fluviale.

Un autre défaut fréquemment lié au talent, c'est la tendance à bâcler les œuvres. A ce propos, Flaubert déplore le cas de Michelet dans *La Bible de l'humanité*. "Sa précipitation d'écrire, sa rage d'imprimer, le rendent maintenant banal; cependant jamais esprit ne le fut moins" (XIV, 221, 11-64), écrit-il à Mme des Genettes. La qualité de l'œuvre est donc la première victime d'une rédaction hâtive. Parlant de *L'Expiation* dans *Les Châtiments,* Flaubert s'exclame: "Quel dommage que ce soit bâclé!" (XIII, 450, 2-1-54). En expédiant l'ouvrage, l'artiste le dégrade. C'est ce dont Flaubert essaie vainement de convaincre Louise Colet en lui faisant observer: "Tu travailles *encore trop vite!* . . . Il faut retourner tous les mots, sous tous les côtés, et faire comme les pères spartiates, jeter impitoyablement au néant ceux qui ont les pieds boiteux ou la poitrine étroite" (XIII, 477, 25/26-3-54). "Médite davantage. Tu te fies trop à l'inspiration et vas trop vite" (XIII, 206, 19-6-52). "Réfléchis, réfléchis avant d'écrire" (XIII, 236, 13-9-52). "Ne te presse point, prends tout ton temps" (XIII, 251, 22-11-52). "Médite donc plus avant d'écrire" (XIII, 224, 22-7-52). Toutes ces exhortations sont de typiques conseils tels qu'il en adresse sans cesse à Louise Colet. A Feydeau, il écrit, en 1859 à propos de *Catherine d'Overmeire*: "ne va pas vite! ne te presse pas! mets ton objectif à cent lieues de ta vie et considère-toi comme le Père Eternel" (XIII, 664, 16-6-59). Lorsque Flaubert félicite George Sand de la rapidité avec laquelle elle écrit, il la flatte par amitié. En fait cette habitude de la romancière confirme les soupçons qu'il avait avant de la connaître personnellement. Créer rapidement n'est acceptable à aucune condition. Car en se dépêchant l'artiste inmanquablement escamote la qualité de l'œuvre. C'est pourquoi il reproche à Lamartine de n'avoir pas écrit *Graziella* plus lentement.

8

Cœur / Esprit

Dans sa vision critique, Flaubert fait appel aux notions de cœur/esprit. Il désigne par "cœur" des qualités de caractère, un certain calibre moral, qui se distingue par le courage. En quoi une bonne œuvre d'art dépend-elle du courage de l'écrivain? C'est que la hardiesse et la bravoure servent de fondements à la franchise, l'originalité et la révolte, trois attitudes que Flaubert considère comme des éléments indispensables à la création artistique. Ce qu'il appelle la "franchise" est à mettre en parallèle avec le concept d'authenticité littéraire, tel qu'il est compris au XXe siècle. Mais c'est surtout par rapport à son antonyme, la pose, que Flaubert donne un tel poids à la franchise. Comme il l'explique dans son credo esthétique,[2] il attache une grande importance à la recherche de la vérité. Or sans une sincérité du texte, on n'y parvient pas. Par sincérité, Flaubert n'entend pas celle qui consisterait à rapporter les faits tels qu'il les a observés. Comme elle appartient au domaine de l'imaginaire, la littérature n'a pas, dans sa quête de l'authenticité et de la vérité, à rester l'esclave de la réalité. Authentique et véridique n'ont jamais été équivalents. La "franchise" du texte se mesure à sa capacité d'exprimer une vérité profonde, que Flaubert considère comme éternelle, une essence dont l'extraction est ce qui donne à l'art sa puissance et sa justification. Cette vérité est souvent en contradiction avec les apparences et la convention. La "franchise" est donc au cœur de toute activité littéraire.

Sans être aussi fondamentale que l'authenticité, l'originalité joue un énorme rôle dans la vision flaubertienne de l'art. Face aux perceptions conventionnelles, l'artiste peut, grâce à elle, en percer l'écran. Son point de vue innovateur lui donne plus aisément accès à la vérité fondamentale dont il est à la recherche. Alors que Flaubert est rarement enthousiasmé, chez ses contemporains, par une œuvre dans son ensemble, il relève très souvent l'originalité qu'elle recèle. C'est le cas pour les poèmes de Baudelaire sur lesquels il fait de sérieuses réserves, dont il garde d'ailleurs la plupart pour lui. Il est pourtant sincèrement enchanté par l'originalité du style des *Fleurs du mal*. Il aime l'"âpreté" et les "délicatesses de langage," la phrase "toute bourrée par l'idée, à en craquer." . . . "Vous ne ressemblez à personne (ce qui est la première de toutes les qualités)" (XIII, 594, 13-7-57), écrit-il à Baudelaire. Ayant lu *Les Paradis artificiels,* il apprécie à nouveau l'originalité foncière du poète qui lui a permis de "trouve[r] le moyen de rajeunir le romantisme" (XIII, 594, 13-7-57), et il lui déclare: "tout m'en plaît, l'intention, le style et jusqu'au papier. . . . Ne pas ressembler au voisin tout est là" (XIV, 52/53, 22-10-60). Bien que Flaubert considère l'ensemble d'*Emaux et Camées* comme "piteux," il reconnaît néanmoins chez Gautier, une originalité qui dérive, à ses yeux, de la nouveauté de l'inspiration mêlée à la perfection de la forme. Il "a raclé des cordes plus neuves," dit-il, en le comparant à Musset (XIII, 241, 25-9-52).

La révolte, qui elle aussi dépend directement du courage dont fait preuve l'artiste, est essentielle pour parvenir à l'originalité et à l'authenticité. Mais c'est surtout de son manque dont se préoccupe Flaubert. Il ne complimente jamais personne spécifiquement pour sa révolte. Il admire pourtant Chateaubriand pour "avoir poussé le cri le plus sauvage de l'orgueil." Il voit en lui "un révolutionnaire en littérature," bien qu'il reste parfois prisonnier de "vieilles traditions" et "illusions" (X, 256). Flaubert apprécie l'œuvre de Chateaubriand pour son indépendance de la mode et des écoles littéraires. Il y discerne des germes de révolte. Bien qu'il ne le dise jamais explicitement, il a le même sentiment à propos de Victor Hugo qu'il considère comme aiguillonné par la révolte. C'est le révolté seul que Flaubert aime en Musset. Il estime uniquement les pièces où le poète se moque des romantiques tels *Mardoche, Namouna* ou *Rolla.* Il admire cette "crânerie de l'idée et de la tournure" (XIII, 241, 25-9-52) que produisit la révolte de jeunesse chez Musset, mais elle est le seul élément positif qu'il décèle chez le poète.

A toutes ces qualités de "cœur," Flaubert oppose les manifestations de "l'esprit." Il utilise ce terme dans le sens de malice, saillie (trait spirituel), autant d'aptitudes intellectuelles qu'il déteste farouchement.

> Que c'est faible et léger! léger surtout! Nous sommes devenus très graves, nous autres, et comme ça nous semble bête, l'esprit!!! . . . Cela nous semble fort enfantin. (XIII, 321, 31-3-53)

> Ce que je déteste le plus dans les arts, ce qui me crispe, c'est *l'ingénieux,* l'esprit . . . [parce qu'il est] incompatible avec la vrai poésie. Qui a eu plus d'esprit que Voltaire et qui a été moins poète? Or, dans ce charmant pays de France, le public n'admet la poésie que déguisée. Si on la lui donne toute crue, il rechigne. (XIII, 379, 15-7-53)

L'ironie, qui est un élément positif grâce à son pouvoir corrosif, n'est pas à confondre avec l'esprit. Pour Flaubert, celui-ci est nécessairement lié à la fatuité. L'ironie, ou même l'humour, sont des forces libératrices alors que l'esprit ne témoigne que de la vanité de son auteur. Faire de l'esprit, c'est vouloir s'accrocher au superficiel, donc renoncer à la profondeur, qui est seule capable de satisfaire un artiste véritable. En étant spirituel l'écrivain se condamne à ne jamais trouver cette vérité essentielle qui lui donne sa raison d'être. Voilà, entre autres, ce dont il fait grief à Musset. "Musset aime la gaudriole. Eh bien! pas moi. Elle sent l'esprit (que j'exècre en art!) . . . la gaudriole est française" (XIII, 215, 27/28-6-52). Cela explique aussi l'attitude extrêmement méprisante de Flaubert envers les vaudevillistes dont il souhaite d'ailleurs la disparition. "Je serais tenté de faire une prière de remerciement au bon Dieu, si je savais qu'il pût m'entendre. Qu'il soit donc béni pour ne pas m'avoir fait naître marchand de coton, vaudevilliste, homme d'esprit!" (XIII, 442, 23-12-53). Les vaudevillistes ne valent même pas l'épicier mythique tant haï, car par leur légèreté, ils avilissent la littérature en dégradant son but. Flaubert reproche également à Béranger, Lamartine et Musset leur "poésie bourgeoise" et leur "art domestique," autres produits de "l'esprit" et qui ne sont que des négations de l'art.

Sans exclure le sens courant d'affectation dans le comportement, de prétention qu'implique la pose, elle est avant tout, chez Flaubert, la marque de l'inauthenticité. C'est ainsi qu'il traite Lamartine de "phraseur," de "poseur," d'"avaleur de clair de lune" (XIII, 371, 2-7-53). La pose témoigne aussi de la soumission aux conventions, à la doxa, à ce que Flaubert nomme les "idées reçues." S'il traite Leconte de Lisle de *poseur taciturne* (XIII, 480/81, 7-4-54), c'est que celui-ci a trahi l'Art pour plaire aux dames. *"Cela puait,"* s'exclame Flaubert, car le poète, en souhaitant que ses pièces soient chantées pour l'agrément de son entourage, soumet l'art à des critères qui ne sont pas les siens et ainsi le dénature. Celui qui gaspille l'authenticité de l'art que ce soit pour plaire, comme Leconte de Lisle, ou impressionner, comme Musset, commet un sacrilège dont la rétribution, Flaubert en est convaincu, est une œuvre nécessairement médiocre. C'est le majeur reproche qu'il adresse à Musset qu'il considère comme le poseur par excellence. C'est ainsi qu'il avertit Louise Colet que "le fonds de tout [chez Musset], c'est la pose! Pour la pose tout sert, soi, les autres, le soleil, les tombeaux, etc., on fait du sentiment sur tout" (XIII, 213, 26/27-6-52). Cela explique l'attitude du poète dans son Discours à l'Académie, en mai 1852 (XIII, 196/99, 30-5-52), où il renie sa poésie de jeunesse. Qu'un artiste puisse, pour plaire à un auditoire, quel qu'il soit, désavouer ce qu'il a écrit, est le pire crime de l'inauthenticité, puisque c'est préférer l'opinion d'autrui, donc la banalité, à l'originalité de l'art. Pour Flaubert il s'agit d'une double trahison, atteinte à l'Art mais aussi atteinte à soi en tant qu'artiste. Musset veut ainsi se faire passer pour ce qu'il n'est pas, et par cette affectation, il annihile sa capacité d'écrivain. Entre l'inauthenticité de celui qui ne dépasse jamais le lieu commun, tel Béranger dont la littérature est, pour Flaubert, une idéalisation du médiocre, et l'inauthenticité de celui qui désavoue son appartenance à l'Art pour rentrer dans la banalité, il y a une énorme différence. Le second cas est infiniment plus à blâmer et à mépriser. L'artiste en Musset est ainsi détruit et Flaubert s'en prend par conséquent à l'homme. Il lui reproche de "porte[r] sa douleur *dans le monde!*—telle qu'un bijou rare—pour l'ébahissement des ces Messieurs et ces Dames!" (XIV, 14, 11-59) et ainsi d'arborer fièrement son inauthenticité même. Il déplore chez Musset un besoin de plaire à tout prix, des prétentions démesurées, des mensonges envahissants et des affectations de noblesse qui se trahissent dans un culte de l'élégance et des belles manières. Il estime que le "dandysme . . . corrompt [son] élégance" naturelle, que le "Parisien . . . entrave le poète" (XIII, 199, 30-5-52). Flaubert ne fait donc pas de distinction entre le dandysme et la pose qu'il rejette tous deux vigoureusement et avec désinvolture. D'autre part, il voit dans l'arrivisme social des personnages balzaciens un autre aspect de la pose romantique telle que la pratique un Musset. Que Rubempré et Rastignac soient préférés à Saint-Preux et Werther sont des preuves du ravage causé par l'inauthenticité d'un romantisme qui glorifie la réussite immédiate et sans effort. Sous l'influence du dandy ou du poseur, tout se transforme en "jeu de comédien." L'affectation, la feinte et la fausse sentimentalité, lorsqu'elles sont transplantées dans l'art, en sapent l'objectivité et la sincérité.

Le conformisme est encore une autre facette de l'inauthenticité. Cette tournure d'esprit est extrêmement néfaste à l'artiste. En se pliant aux conventions rebattues, il renonce à l'espoir de dépassement qu'offre toute activité littéraire poursuivie dans l'authenticité et aiguisée par la révolte. Toute sa vie, Flaubert pourchasse obstinément le conformisme dans ses diverses formes et parmi ses adhérents les plus tenaces. Aussi s'en prend-il particulièrement à Béranger et Lamartine qu'il accuse de "bourgeoisisme." Il les considère comme tellement englués dans les lieux communs qu'ils sont incapables d'originalité et manquent par conséquent de la moindre profondeur. N'étant même pas entraînés par la révolte, ils n'ont aucune chance de créer une œuvre authentique, voire innovatrice. C'est aussi ce qu'il reproche à Musset qu'il considère "diablement dans les idées reçues" (XIII, 216, 5/6-7-52). Or le lieu commun, pour Flaubert, "n'est manié que par les imbéciles ou par les très grands" (XIII, 371, 2-7-53). Seule l'exagération telle que la pratiquent Hugo ou Zola, peut transformer, pour l'écrivain, le lieu commun en une force productrice.

9

Force / Faiblesse

L'opposition force/faiblesse est centrale pour la critique flaubertienne. Autour d'elle en gravitent d'autres qui finalement l'englobent ou sont absorbées elles-mêmes, telles que le dur et le liquide, l'exagération et la subtilité, le mâle et le femelle. Le concept flaubertien de la force est d'une grande richesse parce que le romancier en investit la majorité des qualités de l'art. Sous ses formes les plus diverses, elle est toujours une notion hautement positive. On pourrait même affirmer que sans elle, il n'y a pas de littérature. La force joue deux rôles distincts dans le processus artistique. Elle est d'une part nécessaire à l'élaboration du texte. Dans ce cas elle provient de l'écrivain. D'autre part elle fait intrinsèquement partie de l'œuvre et se manifeste dans son influence sur le lecteur. L'art est une expérience violente pour le lecteur qui devrait éprouver "une espèce d'ébahissement" et se sentir "écrasé sans savoir pourquoi" (XIII, 265, 9-12-52), car la littérature ne s'adresse pas à l'intellect mais à l'individu dans sa totalité. Flaubert exige une lecture prenante. Pour montrer qu'il apprécie une œuvre il a recours à de très nombreuses expressions exprimant la violence faite au lecteur. C'est ainsi qu'il avoue avoir été "empoigné, enlevé, ahuri, ébloui, étourdi, bourré" par un livre qu'il qualifie alors de "fort, roide ou poignant." "Je ne me connais plus!" écrit-il. *La Légende des siècles* "m'a mis la boule à l'envers" (XIII, 671, 9-59), "m'a fortement calotté" (XIII, 672, 9 ou 10-59). La littérature doit "donner des coups de poing," déclare Flaubert (XIII, 229, 1-9-52). Il va jusqu'à affirmer que la qualité d'une œuvre se reconnaît "à la vigueur des coups de poing qu'[elle] vous a donnés et à la longueur du temps qu'on est ensuite à en revenir" (XIII, 379, 15-7-53). C'est la grande qualité qu'il découvre chez Zola. A propos de *L'Assommoir*, livre qui n'est "pas selon [son]cœur ni selon [son] goût," il fait observer à sa correspondante, Mme des Genettes, qu'il "faut reconnaître la puissance où elle se trouve" (XV, 546, 3-3-77). Pour Flaubert, Zola est l'exemple même de l'écrivain chez qui la force sous-tend toute l'œuvre et il en parle abondamment. La force a même une vertu salvatrice sur l'œuvre prise dans son ensemble parce qu'elle la fait accéder à une qualité supérieure. Il affirme à propos de *La Fortune des Rougon*:

Force / Faiblesse

> Votre atroce et beau livre... [m'a] étourdi. C'est fort! Très fort! (XV, 67, 1-12-71)

Parlant de *La Conquête de Plassans*:

> Vous êtes un gaillard! Et votre dernier livre est un crâne bouquin! ... Mais quelle observation! quelle profondeur! quelle poigne! ... cette férocité de passion sous une surface bonhomme. Cela est fort, mon vieux, très fort, râblé et bien portant. ...
> Mais ce qui écrase tout, ce qui couronne l'œuvre, c'est la fin. Je ne connais rien de plus empoignant que ce dénouement. ... La peur vous prend, comme à la lecture d'un conte fantastique. (XV, 304/05, 3-6-74)

Dans *Son Excellence Eugène Rougon*, il admire "la force" (XV, 446, 3-4-76). Dans *L'Assommoir*, il considère que la puissance de l'œuvre compense largement ses défauts.

> [C'est] un gaillard d'une jolie force. (XV, 540, 2-77)

> Il faut reconnaître la puissance où elle se trouve. Or, il y en a dans ce livre, prodigieusement. (XV, 546, 3-3-77)

> Il y a dans ces longues pages malpropres une puissance réelle et un tempérament incontestable. (XV, 551, 2-4-77)

A propos de *Nana* que Flaubert considère comme l'œuvre la plus puissante de Zola, il s'écrie:

> S'il fallait noter tout ce qui s'y trouve de rare et de fort, je ferais un commentaire à toutes les pages! ... à la fin, la mort de Nana est *michelangelesque!*
> Un livre énorme, mon bon! ...
> Plein de grandeur, épique, sublime!
> Très grand, très grand!
> Comme c'est vrai et intense!
> Au-dessus de tout! ... Nana tourne au mythe, sans cesser d'être réelle. Cette création est babylonienne. (XVI, 321/22, 15-2-80)

> Un beau livre, canaille, si l'on veut, mais vrai, et fort, très fort. La fin est épique. (XVI, 331, 22-2-80)

> C'est un colosse qui a les pieds malpropres, mais c'est un colosse. (XVI, 353, 18-4-80)

> Quel bouquin! C'est roide! et le bon Zola est un homme de génie; qu'*on* se le dise!!! (XVI, 322, 15-2-80)

Par contre, Flaubert estime que cette force manque aux écrivains du XVIIe siècle.

> Nous nous étonnons des bonshommes du siècle de Louis XIV, mais ils n'étaient pas des hommes d'énorme génie. On n'a aucun de ces ébahissements, en les lisant, qui vous fassent croire en eux à une nature plus qu'humaine, comme à la lecture d'Homère, de Rabelais, de Shakespeare surtout. (XIII, 319, 31-3-53)

Un autre signe de la force que représente l'art est la haine que lui témoigne "tout gouvernement" (XV, 288, 28-2-74). Si "l'autorité" hait l'art c'est qu'elle reconnaît en lui un pouvoir qui la défie par sa seule existence.

> Je serai toujours suspect à tous les gouvernements sans en attaquer aucun, et cela m'honore. (XV, 286, 18-2-74)

> J'ai beau ne faire toujours que de l'Art, je gêne tous les gouvernements. . . . On exècre le style, voilà le vrai. "On" veut dire tout Pouvoir, quel qu'il soit. (XV, 287, 2-74)

> Cruchard déplaît au Temporel. Est-ce drôle cette haine naïve de l'autorité, de tout gouvernement, quel qu'il soit, contre l'Art? (XV, 288, 28-2-74)

Le sang appartient à la notion de force. Lorsque Flaubert en parle dans sa critique littéraire, il s'agit toujours d'un compliment car le sang est un signe de vigueur, de santé, une promesse de réussite. Il ne participe pas du liquide qui représente un élément femelle et négatif. C'est son aspect nourricier qui intéresse Flaubert et non sa fluidité. Aussi l'image sanguine reste-t-elle liée au style.

> Il faut avoir avant tout du sang dans les phrases . . . [c'est-à-dire] du *cœur*. Il faut que cela batte, que cela palpite, que cela émeuve. (XIII, 487, 22-4-54)

> Ceux qui ont sucé le lait de la louve (j'entends le suc des vieux) ont un autre sang dans la veine et ils considèrent comme des fleurs blanches de l'esprit toutes ces mièvreries pudibondes où toute naïveté doit périr. (XIII, 331, 20-4-53)

Plus rarement le sang est lié à la pensée. "La couleur, comme les aliments, doit être digérée et mêlée au sang des pensées" (XIII, 371, 2-7-53). Style et pensée sont perçus comme un réseau d'artères alimentant la littérature. Le cheval n'est qu'une élaboration plus complexe de la métaphore du sang. Ils sont très souvent des synonymes. Le cheval joue fréquemment le rôle d'un multiple de la qualité sanguine. Sang et cheval participent très fortement de l'élément mâle dont ils sont des représentations privilégiées, tout particulièrement en ce qui concerne le cheval.

> J'ai aujourd'hui rudement chevauché ma plume. (XIII, 419, 12-10-53)

> Les chevaux et les styles de race ont du sang plein les veines, et on le voit battre sous la peau et les mots depuis l'oreille jusqu'aux sabots. (XIII, 379, 15-7-53)

La notion de cheval est inséparable de l'idée de génie dont la première caractéristique est la force (XIII, 380, 15-7-53). Génie et force sont presque identiques, quoique celle-ci n'implique pas automatiquement le génie. Par contre, il n'y a pas de génie sans pouvoir extraordinaire. Les quelques auteurs que Flaubert considère comme géniaux font tous preuve de puissance, c'est même, à ses yeux, leur première qualité. Celle-ci est perçue comme une poussée invincible qui entraîne le lecteur malgré lui.

> Le génie, comme un fort cheval, traîne à son cul l'humanité sur les routes de l'idée. Elle a beau tirer les rênes et, par sa bêtise, lui faire saigner les dents en hocquesonnant tant qu'elle peut le mors dans la bouche. L'autre, qui a les jarrets robustes, continue toujours au grand galop, par les précipices et les vertiges. (XIII, 294, 27/28-2-53)

Emanant du texte, et pesant sur le lecteur, la force est la marque même du génie. A propos de Rabelais, Cervantès, Molière et Hugo, Flaubert s'exclame: "Quels coups de poing subits! Quelle puissance dans un seul mot!" (XIII, 316, 27-3-53). "Ils sont forts en dépit de toutes les fautes et à cause d'elles" (XIII, 241, 25-9-52).

Michelet est également un exemple de la force. Mais chez lui elle est mêlée au charme. Flaubert commente toutes les œuvres de l'historien selon les coordonnées force et charme. Cet amalgame d'éléments contradictoires, cette union du mâle et du femelle, contribue à l'admiration que Flaubert professe pour Michelet. A propos de *La Mer*, il écrit: "Invincible séduction des Forts, ce charme sans nom qui est un excès de la Puissance" (XIV, 62, 26-1-61). De *La Régence*, il dit: "On vous retrouve là entièrement, avec toutes vos grâces et toute votre force (XIV, 177, 10-63). Dans *La Bible de l'Humanité*, il découvre "Cœur, imagination et jugement, vous ébranlez tout en nous-mêmes, avec vos mains puissantes et délicates. ... Vous emportez le lecteur dans votre personnalité par je ne sais quelle grâce—qui est l'extrême force peut-être" (XIV, 218, 11-64).

L'impersonnalité de l'écrivain constitue un autre aspect de la force (XIII, 428, 6-11-53) et elle garantit même la qualité de l'écriture. L'artiste qui rompt tout lien personnel avec sa création peut tendre vers cette "impersonnalité surhumaine" dont Shakespeare est le meilleur exemple. "Quelque lyrisme qu'ait Byron . . . comme Shakespeare l'écrase" (XIII, 175, 27-3-52), remarque Flaubert. Il s'agit donc pour le créateur de produire une œuvre qui soit parfaitement indépendante de toute particularité individuelle. "L'Art n'a rien à démêler avec l'artiste. Tant pis s'il n'aime pas le rouge, le vert ou le jaune; toutes les couleurs sont belles, il s'agit de les peindre" (XIII, 225, 27-7-52). Ce n'est qu'à ce prix que l'écrivain peut devenir une "figure écrasante," tels Shakespeare, Cervantès, Rabelais ou Molière. "L'artiste," préconise Flaubert, "doit s'arranger de façon à faire croire à la postérité qu'il n'a pas vécu" (XIII, 175, 27-3-52). Tel est l'idéal de la relation du créateur envers son œuvre. Flaubert par conséquent critique violemment le mouvement romantique pour avoir rejeté ce principe d'impersonnalité et s'être ainsi condamné à la faiblesse, car, comme il en avertit Louise Colet, "plus vous serez personnel, plus vous serez faible" (XIII, 217, 5/6-7-52). Il discerne ce même défaut dans ses propres œuvres, celles de sa jeunesse. "J'ai toujours péché par là, moi; c'est que je me suis toujours mis dans tout ce que j'ai fait," écrit-il en 1852. "A la place de *Saint Antoine,* par exemple, c'est moi qui y suis; la *tentation* a été pour moi et non pour le lecteur" (XIII, 217, 5/6-7-52). "*Saint Antoine* [a été] un déversoir" de ce "qui m'est naturel . . . l'extraordinaire, le fantastique, la hurlade métaphysique, mythologique" (XIII, 322, 6-4-53). Seule l'impersonnalité permet à l'écrivain de s'imprégner d'objectivité. Ayant échappé à la tentation de se raconter,[3] il peut mieux exposer les faits et créer l'illusion qu'exige l'art.

Flaubert pousse plus loin la théorie de l'impersonnalité en revendiquant une indépendance totale de l'artiste envers l'art et inversement. L'auteur doit être annulé. C'est en tout cas ce que doit ressentir le lecteur. Cette indépendance n'est en fait qu'une apparence, perçue par le lecteur, elle ne correspond pas à la réalité de l'écrivain.

> Je me suis toujours défendu de rien mettre de moi dans mes œuvres, et pourtant j'en ai mis beaucoup.—J'ai toujours tâché de ne pas rapetisser l'Art à la satisfaction d'une personnalité isolée. (XII, 496, 15-8-46)

Pour illustrer cette méthode idéale, Flaubert emprunte l'image d'une divinité omniprésente et invisible.

> L'auteur, dans son œuvre, doit être comme Dieu dans l'univers, présent partout, et visible nulle part. . . . Que l'on sente dans tous les atomes, à tous les aspects, une impassibilité cachée et infinie. (XIII, 265, 9-12-52)

> L'Art . . . doit rester suspendu dans l'infini, complet en lui-même, indépendant de son producteur. (XIII, 175, 27-3-52)

> L'artiste ne doit pas plus apparaître dans son œuvre que Dieu dans la nature. L'homme n'est rien, l'œuvre tout! (XV, 430, 12-75)

L'auteur circule dans son œuvre, ne faisant sentir sa présence qu'obliquement, en s'abstenant strictement d'intervenir directement, de faire des commentaires, de donner son opinion ou de présenter une thèse. "Soyons *exposants* et non discutants" (XIII, 325, 13/14-4-53 et XIII, 321, 31-3-53), suggère Flaubert.

> Je ne crois même pas que le romancier doive exprimer *son* opinion sur les choses de ce monde. . . . [Il doit se] borne[r] . . . à exposer les choses telles qu'elles [lui] paraissent, à exprimer ce qui [lui] semble vrai. (XIV, 434, 10-8-68)

Je trouve même qu'un romancier *n'a pas le droit d'exprimer son opinion* sur quoi que ce soit. Est-ce que le bon Dieu l'a jamais dite, son opinion? (XIV, 315, 5/6-12-66)

Il admoneste Feydeau à propos de *Catherine d'Overmeire*: "Il faudra que ce soit complètement impersonnel; et plus de thèse cette fois, mon bonhomme, plus de tartines, des barres d'airain" (XIII, 664, 16-6-59). A Balzac, il reproche de prendre la parole directement au lieu de disparaître derrière ses créatures. "Faire et se taire," telle est l'attitude que Flaubert exige de l'écrivain (XIV, 287, 20-8-66 et XIII, 567, 18-3-57).

L'art tire également sa puissance de sa cohérence interne. En tentant d'expliquer cela à Louise Colet, Flaubert lui écrit: "Ce qui fait la force d'une œuvre, c'est la *vesée*, comme on dit vulgairement, c'est-à-dire une longue énergie qui court d'un bout à l'autre et ne faiblit pas" (XIII, 326, 13/14-4-53). La cohérence, comme la force, est une catégorie fondamentale. Il n'est donc pas étonnant qu'en s'articulant entre elles, elles se chevauchent.

Le froid fait également partie de la catégorie de la force. L'exigence d'impersonnalité implique nécessairement qu'on rédige à froid. "Tout doit se faire à froid, posément" (XIII, 294, 27/28-2-53), conseille-t-il à Louise Colet. L'impassibilité de l'artiste qui compose "froidement" (XIII, 294, 27/28-2-53), à tête reposée, et selon une méthode objective, est à rapprocher de celle du savant. "Je crois que le grand Art est scientifique et impersonnel" (XIV, 317, 12-66). Par contre Flaubert n'a que sarcasme pour cette sorte de fièvre que Musset appelle inspiration (XIII, 241, 25-9-52) et il exhorte Louise Colet à ne pas suivre ce procédé de composition. "Il faut écrire plus *froidement*," lui dit-il. "Méfions-nous de cette espèce d'échauffement, qu'on appelle l'inspiration, et où il entre plus d'émotion nerveuse que de force musculaire" (XIII, 294, 27/28-2-53). Seule une écriture à froid, dont les sources ne sont ni émotionnelles, ni personnelles, donne de la "vigueur à la pensée et du relief au mot." Chez Flaubert le froid participe donc de la force et lorsqu'il décèle dans une œuvre un élément de froid, il faut le comprendre comme un compliment.

A l'idée centrale de force, Flaubert oppose tout naturellement la faiblesse, défaut qui pour lui caractérise la plupart des écrivains parmi ses contemporains (XIII, 487, 22-4-54). Elle a une forte connotation féminine, ce qui renforce encore sa négativité. En effet tous les "faibles," tels Lamartine, Musset ou Stendhal, sont aussi des écrivains de type "femelle." Une des caractéristiques de la faiblesse chez l'écrivain c'est qu'il désire plaire avant tout (XV, 146, 27-7-72 et XV, 149, 19-8-72) et recherche ardemment la gloire. Lorsque Louise Colet, par exemple, parle à Flaubert " 'des jours d'orgueil où l'on me recherche, où l'on me flatte' " (XIII, 199, 30-5-52), Flaubert se fâche. "Ce sont des jours de faiblesse, ceux-là, les jours dont il faut rougir" (XIII, 199, 30-5-52), lui réplique-t-il. Ses jours d'orgueil devraient être ceux où harassée, se sentant complètement abandonnée, elle se met à écrire, comme "défi porté à la vie." Aspirer à la gloire est le fait des faibles, tels "[le] sieur Enault qui sera flatté d'entrer à la *Revue de Paris*, . . . Du Camp qui est enchanté d'être reçu chez Mme Delessert, . . . tous ceux enfin qui s'honorent assez peu pour que l'on puisse les honorer" (XIII, 199, 30-5-52). "Je vise à mieux, à me plaire. Le succès me paraît être un résultat et non le but" (XIII, 203, 19-6-52), écrit-il à Du Camp.

Alors que Flaubert a recours au sang à propos des forts, il mentionne l'anémie et la langueur en ce qui concerne les faibles. Ces états sont définis par un appauvrissement, un manque. A la propriété nourricière du sang, il oppose la pauvreté nutritive de l'eau. Celle-ci devient un élément stérile, comme le prouvent ses plaintes auprès de Louise Colet à propos des "Lamartine . . . race stérile et *sèche* (inactive dans le bien comme dans l'idéal)" (XIII, 332, 22-4-53). Dans la terminologie flaubertienne, aqueux et sec ne sont pas contradictoires car la sécheresse est liée à la stérilité et non à l'absence d'humidité.

"La poésie," note Flaubert, "n'est point une débilité de l'esprit et ces susceptibilités nerveuses en sont une. Cette faculté de sentir outre mesure est une faiblesse" (XIII, 217, 5/6-7-52). Or "sentir outre mesure" veut dire qu'on se laisse complètement dominer par ses sentiments, et quand on est écrivain, qu'on fait de sa propre vie la source et le centre de toute activité littéraire. C'est précisément dans le lyrisme sentimental que Flaubert voit le paradigme même de la faiblesse. "Rien de plus faible que de mettre en art ses sentiments personnels" (XIII, 174, 27-3-52). A l'opposé de la vision impersonnelle de l'art, le lyrisme constitue le genre littéraire contre lequel Flaubert s'insurge le plus. Sur ce point il évolue car le jeune Gustave s'adonne librement au lyrisme dans ses œuvres de jeunesse semi-autobiographiques, tels ses contes, *Novembre* ou les *Mémoires d'un fou*. Dès 1845, il rejette le lyrisme et ne néglige désormais plus aucune occasion de l'attaquer. "La *personnalité sentimentale* sera ce qui plus tard fera passer pour puérile et un peu niaise une bonne partie de la littérature contemporaine." Avec ironie, il ajoute "que de sentiment, que de sentiment, que de tendresses, que de larmes! Il n'y aura jamais eu de si braves gens" (XIII, 487, 22-4-54).

Il fait toutefois une exception en ce qui concerne un hypothétique lyrisme débridé. Flaubert s'en imagine un qui par son désordre triomphant et son exagération effrénée, serait parfaitement acceptable, mais il ne fournit aucun exemple. "Il faut couper court avec la queue lamartinienne et faire de l'art *impersonnel*; ou bien, quand on fait du lyrisme individuel, il faut qu'il soit étrange, désordonné, tellement *intense* enfin que cela devienne *une création*" (XIII, 486, 18-4-54). Lorsque Flaubert apprécie la poésie de Victor Hugo et qu'il admire sa capacité de créer des monstres, il s'agit précisément d'une littérature qui correspond à sa définition du lyrisme effréné. "Cochon de père Hugo avec ses culs-de-jatte qui ressemblent à des limaces dans la pluie!" (XIII, 501, 30-5-55).

Pour Flaubert le lyrisme se résume à "dire faiblement ce que tout le monde sent faiblement" (XIII, 486, 18-4-54). En effet la faiblesse provient de ce qu'il se base sur des émotions personnelles et par là communes (XIII, 228, 1-9-52). Toute écriture qui dérive exclusivement de la personalité de l'écrivain est condamnée d'avance, ne serait-ce que par la banalité d'une telle source. Comme l'art est une recréation du monde, il ne peut se restreindre à n'être qu'une confession d'un individu isolé et même non-représentatif. C'est pourquoi Flaubert estime que "toute la valeur" de *Madame Bovary* "sera d'avoir su marcher droit sur un cheveu, suspendu entre le double abîme du lyrisme et du vulgaire" (XIII, 171, 20/21-3-52). Parler de sa vie n'apporte rien de "beau, bon, utile ou vrai," toutes des catégories qui sont positives dans la critique flaubertienne. Voulant convertir Louise Colet à sa conception de la littérature, Flaubert lui écrit: "tu t'apercevras bientôt, si tu suis cette voie nouvelle, que tu as acquis tout à coup des siècles de maturité et que tu prendras en pitié l'usage de se chanter soi-même" (XIII, 175, 27-3-52). En effet l'écrivain ne doit jamais décrire ce qu'il ressent mais au contraire imaginer ce qu'il va représenter car le "génie," c'est "compren[dre] ce qui n'est pas nous . . . avoir la faculté de travailler d'après un modèle imaginaire" (XIII, 229, 1-9-52). Par conséquent une littérature du cœur est un avilissement comparé à l'idéal que Flaubert s'est forgé. Il s'explique d'une manière plus détaillée auprès de George Sand: "Je me suis mal exprimé en vous disant 'qu'il ne fallait pas écrire avec son cœur.' J'ai voulu dire: ne pas mettre sa personnalité en scène. . . . Il faut, par un effort d'esprit, se transporter dans les personnages et non les attirer à soi" (XIV, 317, 12-66). Aussi Musset incarne-t-il, pour Flaubert, le type accompli du sentimentalisme littéraire dans ce qu'il a de plus niais, de ce romantisme échevelé, exalté, qui considère que la poésie doit être l'épanchement du cœur, la "consolation" du poète. Flaubert s'insurge contre ces écrivains qui croient qu'il suffit d'être sincère et passionné pour faire de belles œuvres et qu'on n'a qu'à souffrir pour être un artiste et il leur reproche d'ainsi méconnaître les principes fondamentaux de l'esthétique. Il fait de Musset le parfait bouc émissaire de ce romantisme et vomit d'innombrables insultes à son endroit. Il réduit le lyrisme du Musset à "des exhalaisons d'âme."

> Je ne crois pas, comme toi, que ce qu[e Musset] a senti le plus soient les œuvres d'art. Ce qu'il a senti le plus, ce sont ses propres passions. . . . [Il] n'a jamais séparé la poésie des sensations qu'elle complète. La musique, selon lui, a été faite pour les sérénades, la peinture pour le portrait et la poésie pour les consolations du cœur. Quand on veut ainsi mettre la soleil dans sa culotte, on brûle sa culotte et on pisse sur le soleil. C'est ce qui lui est arrivé. Les nerfs, le magnétisme, voilà la poésie.

> Non, elle a une base plus sereine. S'il suffisait d'avoir les nerfs sensibles pour être poète, je vaudrais mieux que Shakespeare et qu'Homère, lequel je me figure avoir été un homme peu nerveux. Cette confusion est impie. (XIII, 216, 5/6-7-52)

> On flotte au jour le jour, tiraillé par toutes les passions et les vanités de la rue. Je trouve l'origine de cette décadence dans la manie commune qu'il avait de prendre le sentiment pour la poésie. . . . "Il suffit de souffrir pour chanter," etc. Voilà des axiomes de cette école; cela vous mène à tout comme morale et à rien comme produit artistique. (XIII, 205, 19-6-52)

En général, Flaubert traite le lyrisme sentimental de type romantique avec un sarcasme mordant. Il reproche aussi à Musset son inspiration trop personnelle qui "sent le terroir, le Parisien, le gentilhomme" (XIII, 241, 25-9-52). Lamartine est une autre cible. Flaubert condamne par exemple *Graziella* pour avoir été écrite dans les larmes et parce que le cœur du poète en est la source d'inspiration. Il se moque de lui, se lamentant: "Quel homme médiocre que ce Lamartine!" (XIII, 404, 2-9-53). "C'est à lui que nous devons tous les embêtements bleuâtres du lyrisme poitrinaire" (XIII, 323, 6-4-53). "Il faut couper court avec la queue lamartinienne" (XIII, 486, 18-4-54). Flaubert considère d'autre part Béranger comme "funeste" parce qu'il "a fait accroire à la France que la poésie consistait dans l'exaltation rimée de ce qui lui tenait au cœur" (XIV, 211, 9-8-64). Dans le cas de Louise Colet, Flaubert modère son indignation, se contentant de lui écrire, au sujet de son poème *A ma fille*: "Je hais les pièces de vers à ma fille, à mon père, à ma mère, à ma sœur. Ce sont des prostitutions qui me scandalisent. Laissez donc votre cœur et votre famille de côté et ne les détaillez pas au public!" (XIII, 486, 18-4-54). Flaubert ne tarit jamais à ce propos. Il mène jusqu'à la fin une lutte acharnée contre les émotions nourricières d'art et les confidences déguisées en littérature.

> C'est un de mes principes, qu'il ne faut pas *s'écrire*. . . . l'Art doit s'élever au-dessus des affections personnelles et des susceptibilités nerveuses! (XIII, 567, 18-3-57)

Il écrit à Louise Colet:

> Voilà que tu deviens bonne. Ce qui t'est personnel est plus faible maintenant que ce qui est imaginé. . . . J'aime ça, que l'on comprenne ce qui n'est pas nous; le génie n'est pas autre chose, . . . avoir la faculté de travailler d'après un modèle imaginaire qui pose devant nous. Quand on le voit bien, on le rend. (XIII, 229, 1-9-52)

Autant l'impersonnalité en art est un élément vital de la critique flaubertienne, autant la personnalisation de la littérature est à bannir à tout prix. A propos de *La Servante,* Flaubert dit à Louise Colet: "tu fais des confusions perpétuelles de la vie et de l'art, de tes passions et de ton imagination, qui nuisent à l'un et à l'autre" (XIII, 453, 10-1-54). Selon lui *La Servante* est un échec parce qu'elle est basée sur des motifs personnels, sur un désir d'insulter Musset.

> Ce poème est une mauvaise action, et tu en as été punie, car c'est une mauvaise œuvre. ... Tu as écrit tout cela avec une passion personnelle qui t'a troublé la vue sur les conditions fondamentales de toute œuvre imaginée. L'esthétique est absente. ...
> Tu as fait de l'art un déversoir à passions, une espèce de pot de chambre où le trop-plein de je ne sais quoi a coulé. Cela ne sent pas bon! ... je trouve cette œuvre mauvaise d'intention, méchante et mal exécutée. (XIII, 453, 10-1-54)

Si la personnalisation de la littérature est si néfaste, c'est que les émotions émoussent chez l'écrivain toute précision dans l'observation et restreignent aussi l'exactitude avec laquelle il peut représenter son monde imaginé. Une conception égotiste de l'écriture entrave sérieusement la quête de la vérité éternelle, cette essence que doit découvrir toute œuvre d'art. "La passion ne fait pas les vers, et plus vous serez personnel, plus vous serez faible. ... *Moins on sent une chose, plus on est apte à l'exprimer comme elle est* (comme elle est *toujours* en elle-même, dans sa généralité et dégagée de tous ses contingents éphémères)" (XIII, 217, 5/6-7-52). C'est pourquoi il met Louise Colet en garde contre sa tendance à toujours prendre son moi comme source d'art. "Pourquoi donc reviens-tu toujours à *toi*? Tu te portes malheur. Tu as fait dans ta vie une œuvre de génie ... parce que tu t'es oubliée, et que tu t'es souciée des passions des autres et non des tiennes. Il faut s'inspirer de l'âme de l'humanité et non de la sienne" (XIII, 486, 18-4-54). "Les prostitutions personnelles en art me révoltent, et Apollon est juste: il rend presque toujours ce genre d'inspiration languissante; c'est du commun" (XIII, 228, 1-9-52). A Bouilhet il explique: "Ce qui m'indigne c'est [le] *bourgeoïsme* de nos confrères! Quels marchands! quels plats crétins! Tous les jours je lis du George Sand [*Histoire de ma vie*] et je m'indigne régulièrement pendant un bon quart d'heure" (XIII, 499, 30-5-55). Utiliser la littérature pour exprimer directement ses passions intimes n'est guère plus recommandable. Aussi Flaubert déplore-t-il que Musset

> n'a cru ni à lui ni à son art, mais à ses passions. Il a célébré avec emphase le *cœur*, le *sentiment*, l'*amour* avec toutes sortes d'*H*, au rabaissement des beautés plus hautes. (XIII, 199, 30-5-52)

> [Il a] mis en axiomes et pratiqué la "poésie du cœur" (double farce à l'usage des impuissants et des charlatans). (XIV, 14, 11-59)

Flaubert lui-même a toujours éprouvé "une répulsion invincible à mettre sur le papier quelque chose de [son] cœur" (XIV, 315, 5/6-12-66). En personnalisant l'art, on en restreint considérablement le champ. "Toi disséminée en tous, tes personnages vivront et au lieu d'une éternelle personnalité déclamatoire, qui ne peut même se constituer nettement, faute de détails précis qui lui manquent toujours à cause des travestissements qui la déguisent, on verra dans tes œuvres des foules humaines" (XIII, 174, 27-3-52), écrit-il à Louise Colet. Chez George Sand, Flaubert blâme encore une fois cette tendance à utiliser un roman comme l'instrument privilégié d'expression du moi. "La personnalité d'écrivain . . . rétrécit toujours une œuvre" (XIII, 250, 16-11-52), affirme-t-il. Par conséquent il déplore vivement toute autobiographie, même transposée, quand elle reste axée sur la personnalité de l'écrivain. Bien que Flaubert lui-même utilise des éléments biographiques dans ses *Educations sentimentales,* il les remanie, dans la seconde surtout, jusqu'à ce que la partie autobiographique cesse d'être le centre pour devenir un cas parmi d'autres. La part de lyrisme est alors réduite à un cas exemplaire qui reflète la futilité de toute chose et témoigne des efforts déployés en vain. Que les hommes s'agitent ou qu'ils soient passifs, ils parviennent au même résultat, c'est-à-dire à rien; le personnage semi-autobiographique, comme les autres, en fait l'expérience.

Flaubert ne cesse d'insister qu'il ne faut jamais confondre art et passion, qu'"avoir les nerfs sensibles" n'équivaut pas à de l'art. Il sermonne inlassablement Louise Colet à ce propos. "Il ne faut pas toujours croire," lui écrit-il, "que le sentiment soit tout. Dans les arts, il n'est rien sans la forme" (XII, 492, 12-8-46). En faisant de la littérature un porte-paroles de ses propres sentiments, l'écrivain la vicie. "Je ne veux pas considérer l'Art comme déversoir à passion," déclare Flaubert à de nombreuses reprises, "comme un pot de chambre un peu plus propre qu'une simple causerie, qu'une confidence. Non! non! La Poésie ne doit pas être l'écume du cœur" (XIII, 487, 22-4-54).

Une telle inspiration fautive est donc à la base de la faiblesse en art. Mais celle-ci se répercute également au niveau de l'écriture. Dans une littérature d'impulsion, la cohérence manque fondamentalement. Aussi exhorte-t-il Louise Colet à ne pas se laisser aller à son "lyrisme. Serre, serre, que chaque mot porte" (XIII, 229, 1-9-52). C'est uniquement en écrivant à froid, calmement et avec un maximum d'objectivité que l'artiste parvient à la perfection. Sinon elle lui fera cruellement défaut. "Lorsqu'on écrit quelque chose de *soi,* la phrase peut être bonne par *jets* (et les esprits lyriques arrivent à l'effet facilement et en suivant leur pente naturelle), mais *l'ensemble manque*" (XIII, 399, 26-8-53). Le lyrisme ne détruit pas seulement la cohérence interne de l'œuvre, il reflète aussi la banalité de son origine dans le style. C'est pourquoi les "répétitions abondent, les redites, les lieux communs, les locutions banales" (XIII, 399, 26-8-53) dans ce type de littérature.

Il ne faut pas en conclure que Flaubert bannit les passions de la littérature. Il les élimine seulement comme source et comme moteur de la création artistique parce qu'elles ne sont pas compatibles chez l'écrivain. "Remarque," écrit-il à Louise Colet, "que plus tu as bridé l'élément sensible, plus l'intellectuel a grandi. A mesure que la passion a tenu moins de place dans ta vie, l'Art s'est développé" (XIII, 423, 23-10-53). Hors du processus créateur, les passions jouent un grand rôle, chez les personnages et chez le lecteur. Pour être capable de décrire les passions avec précision, l'artiste doit être calme. Son détachement lui permet alors de mieux éveiller les émotions chez le lecteur. L'émotion ressentie par celui qui entre en contact avec une œuvre d'art, n'est pas toujours une preuve de qualité. Flaubert reconnaît avoir "pleuré à des mélodrames qui ne valaient pas quatre sous et Goethe ne [lui] a jamais mouillé l'œil, si ce n'est d'admiration" (XIII, 409, 16-9-53). L'émotion reste donc d'un ordre inférieur et la susciter ne peut être un but de l'art.

La première qualité de l'Art et son but est l'*illusion*. L'émotion, laquelle s'obtient souvent par certains sacrifices de détails poétiques, est tout autre chose et d'un ordre inférieur. (XIII, 409, 16-9-53)

Laissez l'exaltation à l'élément musculaire et charnel, afin que l'intellectuel soit toujours serein. Les passions, pour l'artiste, doivent être l'*accompagnement* de la vie; l'art en est le *chant*. Mais si les notes d'en bas montent sur la mélodie, tout s'embrouille.
   Aussi moi, gardant chaque chose à sa place, je vis par casiers. J'ai des tiroirs, je suis plein de compartiments comme une bonne malle de voyage, et ficelé en dessus, sanglé à triple étrivière. (XIII, 451, 2-1-54)

10

Dur / Liquide

Dans la vision flaubertienne la dureté est une qualité. Elle participe évidemment de la force mais possède également ses propres caractéristiques. Ayant lu *Les Fleurs du mal,* Flaubert écrit à Baudelaire: "Vous chantez la chair sans l'aimer, d'une façon triste et détachée qui m'est sympathique. Vous êtes résistant comme le marbre et pénétrant comme un brouillard d'Angleterre" (XIII, 595, 13-7-57). Il ne peut lui faire de plus sincères compliments. Etre "résistant" est le fait d'un grand écrivain. C'est une qualité extrêmement rare. Flaubert ne la mentionne nulle part ailleurs dans la *Correspondance.* "J'aime votre âpreté" (XIII, 594, 13-7-57) est ce qui est le plus proche, et ceci également il le dit à Baudelaire à propos des *Fleurs du mal.* De nombreux éléments positifs de l'optique flaubertienne sont associés à la résistance, telles que la vigueur, la solidité, la tenacité et la durée. Toutes font partie de la dureté. Flaubert les reconnaît parfois chez des écrivains comme Victor Hugo ou Zola.

Le marbre constitue le paradigme de la dureté. Son usage, par conséquent, est laudatif. C'est également le cas du diamant. Bien qu'il tienne de la pureté, il participe aussi de la dureté. Comparer un texte à un diamant, comme il le fait pour *L'Albatros* dans *Les Fleurs du mal* (XIII, 573, 4-57) ou concernant *Emaux et Camées* (XIII, 329, 16-4-53), c'est lui accorder une double qualité. Lorsque Flaubert s'exclame à propos de Zola: "quelle nature," c'est évidemment sa forte personnalité qu'il admire. Flaubert a recours à la même expression, "Quelle nature! Quelle force!" (XIV, 426, 5-7-68) en parlant de George Sand à Mlle Leroyer de Chantepie. Par ces compliments il se réfère encore une fois à la même propriété, la dureté.

La haine aussi appartient à la catégorie du dur. En littérature elle est une "vertu" (XV, 183, 11-72) que Flaubert apprécie entre autres chez Hugo, particulièrement dans *L'Année terrible* (XV, 129, 15-5-72). A la mort de Berlioz, Flaubert observe que celui-ci "savait haïr et admirer, deux rares vertus! quel rugisseur!" (XVI, 195, 21/22-4-79). Par contre il regrette qu'elle ait fait défaut à George Sand: "Ah! chère bon maître," lui dit-il, "si vous pouviez haïr! C'est là ce qui vous a manqué: la haine. Malgré vos grands yeux de sphinx, vous avez vu le monde à travers une couleur d'or" (XV, 41, 8-9-71 et XV, 129, 15-5-72). Savoir haïr est essentiel pour l'écrivain car cela l'oblige à faire des distinctions dans l'art, à choisir, au lieu de tout confondre dans un "bénissage universel." En littérature la différenciation qualitative est vitale. Or pour Flaubert la haine, loin d'aveugler, facilite une vue pénétrante et discriminatoire. C'est même une des racines de l'art. Aussi remarque-t-il en ce qui concerne George Sand, qui à son avis, en est totalement dépourvue: "Cette égalité entre le bien et le mal, le beau et le laid, cette douceur niaise, ce bénissage universel est une des pestes de notre époque. La haine est une vertu" (XV, 183, 11-72).

Au dur s'oppose le liquide qui est un défaut majeur et invariablement un signe de faiblesse et de féminité. Flaubert en découvre les symptômes avant tout dans l'écriture lyrique dont Lamartine est le parfait exemple. Aussi peut-il écrire à son propos: "il n'a jamais pissé que de l'eau claire" (XIII, 323, 6-4-53). Dans cette vision la fluidité est toujours aqueuse. On trouve même chez Flaubert une hantise de l'eau en tant que puissance d'absorption et de dissolution. Quant au lait, contrairement à l'eau, il a une connotation positive. "Ceux qui ont sucé le lait de la louve (j'entends le suc des vieux) ont un autre sang dans la veine" (XIII, 331, 20-4-53). Le "laitage" a en fait une double connotation. Il a parfois un sens nettement péjoratif, surtout lorsqu'il est lié à la féminité. Il ne faut pas que "le linge sente le lait" (XIII, 327, 13/14-4-53), écrit-il à Louise Colet; ou: "tout se dissout . . . par les larmes, . . . par le laitage" (XIII, 457, 15/16-1-54). La sueur, par contre, est un fluide à valeur positive parce qu'elle est liée à l'effort qui la valorise. C'est vrai également pour le sang, bien qu'il soit perçu comme une sève. Et cela il le doit paradoxalement à sa fonction nourricière, ce qui est aussi le cas du lait. C'est un autre fluide organique, la lymphe, qui remplace le sang comme symbole de la fluidité. "Il faut avoir avant tout du sang dans les phrases et non de la lymphe" (XIII, 487, 22-4-54). Le sang, qualité mâle par excellence pour Flaubert, peut avoir parfois une connotation péjorative lorsqu'il se réfère au sang féminin, comme le prouve la remarque flaubertienne à propos de la "littérature contemporaine [qui] est noyée dans les règles de femme" (XIII, 457, 15/16-1-54). Même le sang, symbole fondamental du courage, "quand je dis du sang, c'est du *cœur*" (XIII, 487, 22-4-54), s'il appartient aux menstrues, c'est-à-dire en termes flaubertiens, s'il a succombé à la tare suprême de la féminité, est liquéfié et assimilé aux autres fluides qui menacent de dissoudre la littérature.

Flaubert compare George Sand à un fleuve dont les mérites seraient l'énormité et la douceur (XIV, 318, 27-12-66). Voilà l'exemple même du compliment piégé qui cache en fait une désapprobation fondamentale. Car la facilité d'écrire de la romancière est une manifestation de l'aqueux. Le vrai style ne s'obtient que par un labeur forcené qui n'est pas du domaine de l'eau.

Le suintement constitue une autre marque du liquide qui est encore plus dépréciatif. "Cela suinte," dit-il à Louise Colet en parlant de George Sand: "l'idée coule entre les mots comme entre des cuisses sans muscles" (XIII, 250, 16-11-52). Cela est dû au fait que Flaubert y associe l'absence de forme, le manque d'orientation, mais surtout une attitude molle qui caractérise tout mauvais texte. A propos de Théophile Gautier, Flaubert écrit: "à force de jouer du violon sur son cœur, les cordes s'en détendent. . . . tout s'avachit ensemble. Ame et style, poitrine et cœur" (XIII, 207, 6-52). Le mou (XIII, 327, 13/14-4-53), en art, est en effet toujours néfaste.[4]

Les larmes sont une expression privilégiée du liquide que Flaubert pourchasse principalement chez Musset et Lamartine. Celui-là lui "paraît avoir eu sur l'humanité le coup d'œil d'un coiffeur sentimental! toujours son 'pauvre cœur,' toujours les larmes!" (XIV, 14, 11-59). Il s'agit d'une poésie émotionnelle et de type larmoyant. Le poète y a tendance à s'apitoyer sur son sort et à faire de ses doléances la source même de son œuvre. C'est précisément ce que Flaubert reproche à l'effusion lyrique. Aussi déplore-t-il amèrement que la "littérature contemporaine [soit] noyée . . . par l'élément humide, par les larmes, par le bavardage" (XIII, 457, 15/16-1-54), qui sont des caractéristiques féminines. Et il exhorte Louise Colet à être "ferme dans la vie et dans l'Art." "Il nous faut à tous *prendre du fer* pour nous faire passer les chloroses gothiques que Rousseau, Chateaubriand et Lamartine nous ont transmises" (XIII, 457, 15/16-1-54). La méthode dont se vante Lamartine et qui consiste à écrire "tout d'une haleine et en pleurant" déplaît fort à Flaubert. "Ah! voilà bien mes couillons de l'école de Lamartine!" déclare-t-il avec emportement, leur "poésie est une bavachure d'eau sucrée . . ." (XIII, 331, 20-4-53). Lorsque Flaubert vomit des insultes aussi violentes c'est qu'il estime que la littérature est en danger. Et il le ressent profondément et à un niveau viscéral, ce qui explique la nature de son éclat.

L'humide, pour Flaubert, est tellement lié à la sentimentalité que lorsqu'il essaie, en janvier 1852, de définir l'affection qu'il ressent pour Louise Colet, il a recours à des mots tels que "mouillé, suinter, goutte," qui chez lui sont chargés de connotations nettement péjoratives.[5] Il est encore plus révélateur que son amour, qu'il envisage donc sous la forme d'un fluide, finisse par se transformer en "stalactites." En se durcissant le liquide récupère une certaine valeur et échappe ainsi à la condamnation liée à tout ce qui est humide. "Il y a pour toi, en mon âme, des bénédictions mouillées. . . . Les affections qui suintent goutte à goutte de votre cœur finissent par y faire des stalactites" (XIII, 159, 16-1-52).

11

Exagération / Subtilité

Malgré son esthétique fortement marquée par le classicisme, Flaubert fait de la démesure un grand atout de l'art. C'est ainsi qu'il se vante d'être *"un homme d'excès* en tout" (XIII, 240, 25-9-52). L'exagération est une des sources de la force qui sert de fondement et de moteur à la littérature. On retrouve, à travers toute la critique flaubertienne, un long hymne à l'excessif et au colossal. C'est même un des points qui distinguent les grands écrivains des médiocres. Ce critère lui fait rejeter *Manon Lescaut* au rang des œuvres "secondaires" et s'exclamer: "j'aime mieux les choses plus épicées, plus en relief, et je vois que tous les livres de premier ordre le sont à outrance. Ils sont criants de vérité, archidéveloppés et plus abondants de détails intrinsèques au sujet" (XIII, 409, 16-9-53). Par conséquent Flaubert parle surtout de démesure à propos des "grands," tels que Shakespeare, Rabelais, Molière ou Hugo. Il est d'ailleurs explicite à ce sujet et observe en 1853: "Comme les grands maîtres sont excessifs! Ils vont jusqu'à la dernière limite de l'idée" (XIII, 379, 15-7-53). Il donne de nombreux exemples de ce trait inhérent au génie.

> Il s'agit, dans *Pourceaugnac,* de faire prendre un lavement à un homme. Ce n'est pas un lavement qu'on apporte, non! mais toute la salle sera envahie de seringues! Les bonshommes de Michel-Ange ont des câbles plutôt que des muscles. Dans les bacchanales de Rubens on pisse par terre. Voir tout Shakespeare . . . et le dernier des gens de la famille, ce vieux père Hugo. (XIII, 379, 15-7-53)

Flaubert insiste beaucoup auprès de Louise Colet sur l'importance capitale de l'exagération. *"Il ne faut jamais craindre d'être exagéré,"* lui suggère-t-il. "Tous les grands l'ont été, Michel-Ange, Rabelais, Shakespeare, Molière. . . . Cela est tout bonnement le génie dans son vrai centre, qui est l'énorme" (XIII, 361, 14/15-6-53).

> Mais pour que l'exagération ne paraisse pas, il faut qu'elle soit partout continue, proportionnée, harmonique à elle-même. Si vos bonshommes ont cent pieds, il faut que les montagnes en aient vingt mille. Et qu'est-ce donc que l'idéal, si ce n'est ce grossissement-là? (XIII, 361, 14/15-6-53)

La démesure peut prendre des formes très diverses mais toutes sont bénéfiques à l'art. Le fanatisme en est une que Flaubert admire particulièrement chez Leconte de Lisle. "J'aime les gens tranchants et énergumènes," dit-il à Louise Colet. "On ne fait rien de grand sans le fanatisme" (XIII, 319, 31-3-53).

> Le *fanatisme est la religion*. . . . Le fanatisme est la foi, la foi même, . . . celle qui fait des œuvres et agit. . . . Dans l'Art aussi, c'est le fanatisme de l'Art qui est le sentiment artistique. (XIII, 319, 31-3-53)

C'est donc l'exaltation, le côté excessif qui attirent Flaubert. Il apprécie, par exemple, "la belle engueulade aux artistes modernes" que Leconte de Lisle lance dans une de ses préfaces. Par contre Flaubert reproche à *Servitude et grandeur militaires* de déprécier systématiquement "le dévouement aveugle" et le "fanatisme de l'homme pour l'homme." Flaubert est choqué que Vigny décide d'ignorer "l'adoration de l'empereur, amour exclusif, absurde, sublime, vraiment humain" car seul l'excès peut racheter l'amour de la patrie (XII, 570, 11-12-46).

Le colossal est un autre aspect de la démesure. Flaubert le détecte en priorité chez les deux contemporains dont il admire profondément les œuvres, Hugo et Zola. En outre, dans *Bouvard et Pécuchet,* il fait dire à Pécuchet qui vient de lire Balzac que le romancier "gonfl[e] ce qui est plat," et que ses bourgeois ne sont pas des bourgeois mais des colosses" (V, 139). Alors que l'éloge concernant Balzac peut être interprété comme un compliment piégé, vu son contexte, ce n'est certainement pas le cas pour Hugo ou Zola. C'est même la part de colossal qui fait de Victor Hugo un génie. Il écrit à Victor Hugo: "Je la serre avec orgueil, cette main qui a taillé des colosses" (XIII, 378, 15-7-53). "As-tu lu *La Légende des siècles* . . . ?" demande-t-il à Jules Duplan. "J'ai trouvé cela tout bonnement énorme. Ce bouquin m'a fortement calotté! Quel immense bonhomme! on n'a jamais fait des vers comme ceux des *Lions*!" (XIII, 672, 9 ou 10-59). A la lecture de *La Légende des siècles,* Flaubert s'exclame: "Jamais ce colossal poète n'avait été si haut" (XIII, 674, 8-10-59). "Quel Cabire, quel colosse que ce père Hugo" (XIV, 15, 24-11-59), affirme-t-il à Mme Jules Sandeau. Si Flaubert s'enthousiasme pour Zola, c'est dans la mesure où il y découvre le colossal qui balaie alors les objections que font naître en lui de nombreux aspects du romancier naturaliste. Parlant de Zola, il déclare, peu avant sa mort, à Mme des Genettes qu'il cherche à convaincre, "C'est un colosse qui a les pieds malpropres, mais c'est un colosse" (XVI, 353, 18-4-80).

Flaubert peut même s'engouer pour le lyrisme s'il est suffisamment délirant. La démesure permet donc la récupération d'un genre qui n'éveille en lui que dégoût et mépris. L'imagination débordante de Zola, son exagération systématique est ce qui mène Flaubert à l'apprécier hautement. "Je maintiens que vous êtes un joli romantique. C'est même à cause de cela que je vous admire et vous aime" (XVI, 230, 4-7-79), lui écrit-il en 1879, après avoir lu la préface de *Mes haines*. Le même phénomène se produit dans le cas de Michelet. C'est son lyrisme exalté qui le sauve. L'enthousiasme que Flaubert professe parfois pour l'historien est dû au fait qu'il "a monté l'histoire à la hauteur de la poésie et l'a rendue impossible pour les gens médiocres," et surtout qu'il est "le seul romantique français" (XIV, 221, 11-64). Reconnaissant le lyrisme visionnaire de Michelet, Flaubert lui écrit: "Personne n'aura été un *voyant* comme vous" (XIV, 218, 11-64). Par contre, il considère la plupart des écrivains du XIXe siècle comme "d'affreux classiques," Hugo par exemple, "n'est qu'un classique révolutionnaire" (XIV, 221, 11-64). Et s'il admire tant *La Légende des siècles* c'est qu'il y découvre un lyrisme visionnaire et un enthousiasme passionné qui l'enchantent par leur excès même.

L'exagération n'est donc pas seulement un élément positif en soi, elle peut transformer radicalement un défaut majeur en atout décisif, comme c'est le cas pour Zola. C'est finalement la véhémence de son lyrisme qui séduit Flaubert. Pour la même raison il voit en Rabelais "la grande fontaine des lettres françaises [où] les plus forts . . . ont puisé à pleine tasse" (XIII, 250, 16-11-52). Aussi est-il persuadé qu'il "faut en revenir à cette veine-là, aux robustes *outrances*" (XIII, 250, 16-11-52). "Pour être durable, je crois qu'il faut que la fantaisie soit monstrueuse comme dans Rabelais" (XIII, 241, 25-9-52). Ce n'est qu'en grossissant les détails de la vie quotidienne, en amplifiant les personnages que l'écrivain parvient à dévoiler cette vérité essentielle dont tout art devrait être à la recherche. "Soyons des miroirs grossissants de la vérité externe," disait-il déjà en 1853 à Louise Colet (XIII, 429, 6-11-53). Par conséquent, il admire, dans *La Conquête de Plassans*, "cette férocité de passion sous une surface bonhomme" (XV, 305, 3-6-74) et fait remarquer à Zola: "vous arrivez à cet effet-là par l'excès de la réalité, par l'intensité du vrai!" (XV, 305, 3-6-74). Flaubert est si persuadé du rôle décisif de l'exagération, voire de sa toute-puissance, qu'il observe qu'"il n'y a de salut pour les gens comme nous que dans l'excès" (XIII, 479, 4-4-54). "Il n'y a que *ça*: la Gueulade, l'Emphase, l'Hyperbole. Soyons échevelés!" (XV, 510, 14-12-76), conseille-t-il ardemment à Tourgueniev ou à Maupassant (XV, 515, 25-12-76). Cet engouement pour l'excès, sous toutes ses formes, le mène à faire grief à Baudelaire de trop "insiste[r] sur l'*Esprit du mal*" dans *Les Paradis artificiels*. "J'aurais mieux aimé que vous ne *blâmiez pas* le haschich, l'opium, l'excès" (XIV, 52, 22-10-60), lui écrit-il. A propos du *Voyage en Italie*, il complimente Taine d'avoir recours à l'exagération. "On [vous] trouve là avec toutes [vos] qualités—qui me semblent grossies,—car, Dieu merci pour vous, vous êtes excessif" (XIV, 309, 11-66).

L'enthousiasme constitue une autre facette de l'exagération et du fanatisme. C'est une donnée indispensable à l'art et dont Flaubert fait infatigablement preuve à l'égard de Victor Hugo, dont il dit à Louise Colet: "Il m'a causé tant de bonnes heures d'enthousiasme" (XIII, 348, 1-6-53), l'appelant "mon vieux culte" (XIII, 243, 8-10-52). *La Légende des siècles* l'enthousiasme tout particulièrement (XIII, 672, 9-59). Pour l'écrivain, il ne s'agit évidemment pas seulement de manifester son engouement dans sa fonction critique mais avant tout dans le travail créateur. L'enthousiasme, qui participe d'ailleurs de la force, fournit à toute bonne œuvre d'art son ressort et son élan. C'est à cette source que l'écrivain puise l'énergie créatrice qui lui permet de mener à bien son œuvre. C'est pourquoi Flaubert exhorte inlassablement Louise Colet à s'enthousiasmer pour la littérature en soi. "Aie foi, aie foi," lui mande-t-il. "Je veux (et j'y arriverai) te voir t'enthousiasmer d'une coupe, d'une période, d'un rejet, de la forme en elle-même, enfin, abstraction faite du sujet, comme tu t'enthousiasmais autrefois pour le sentiment, pour le cœur, pour les passions" (XIII, 236/37, 13-9-52).

A l'excès qui est une des marques du génie, Flaubert oppose la subtilité. Celle-ci constitue un grand handicap pour l'art. Autant l'exagération a des effets bénéfiques, autant la subtilité restreint l'écrivain. C'est que Flaubert la lie à l'idée de faiblesse. Elle relève également du concept de féminité, ce qui la rend nécessairement nuisible. Aussi dans les quelques quatre mille lettres de la *Correspondance,* Flaubert ne complimente-t-il jamais personne d'être subtil.

Le goût est une des plus importantes manifestations de la subtilité. En 1850, Flaubert s'interroge longuement sur la compatibilité d'une écriture personnelle avec une esthétique établie. Peut-on concilier des principes littéraires, c'est-à-dire un goût formé avec l'originalité, et que celle-ci reste primordiale? Ou les deux éléments sont-ils contradictoires? Il questionne Bouilhet, en juin 1850, sur ce point.

> Misérables que nous sommes, nous avons, je crois, beaucoup de goût parce que nous sommes profondément historiques, que nous admettons tout, et nous plaçons au point de vue de la chose pour la juger. Mais avons-nous autant d'innéité que de compréhensivité? Une originalité féroce est-elle compatible même avec tant de largeur? Voilà mon doute sur l'esprit artistique de l'époque. (XIII, 52/53, 27-6-50)

Flaubert ne considère pas longtemps l'objectivité et le sens historique comme composantes du goût. Le doute l'emporte et trois mois plus tard le goût a déjà une connotation négative. Ecrivant de Damas à Bouilhet, qui est découragé par ses efforts littéraires, il lui dit: "Il y a une chose qui nous perd, vois-tu, une chose stupide qui nous entrave: c'est le *goût,* le bon goût" (XIII, 74, 4-9-50). Il s'explique très précisément:

Nous en avons trop, je veux dire que nous nous en inquiétons plus qu'il ne faut. La terreur du mauvais nous envahit comme un brouillard (un sale brouillard de décembre, qui arrive tout à coup, qui vous glace les entrailles, qui pue au nez et qui pique les yeux), si bien que, n'osant avancer, nous restons immobiles. Ne sens-tu pas combien nous devenons *critiques,* que nous avons des poétiques à nous, des principes, des idées faites d'avance, des règles enfin, tout comme Delille et Marmontel! Elles sont autres! mais qu'est-ce que ça fait? Ce qui nous manque, c'est *l'audace.* ... A force de scrupule, nous ressemblons à ces pauvres dévots qui ne vivent pas, de peur de l'enfer. (XIII, 74, 4-9-50)

Le danger que représente le bon goût est donc multiple. D'une part l'artiste se trouve dans l'impossibilité d'écrire. Hypnotisé par un idéal qu'il imagine inaccessible, il est paralysé. Cette incapacité est due aux exigences restreignantes du goût, c'est-à-dire de conventions littéraires qu'elles soient empruntées à d'autres ou inventées par l'écrivain lui-même. "J'ai peur qu'à force d'avoir ce fameux goût, je n'en arrive à ne plus pouvoir écrire" (XIII, 290, 29/30-1-53), avoue-t-il à Louise Colet.

Suivre le bon goût, c'est renoncer à son indépendance. Or celle-ci n'est pas seulement un bien en soi mais la source de l'énergie, de la vigueur qui constituent des éléments indispensables à la réussite d'une œuvre. Le goût sape donc la force et anéantit le courage. "A mesure que j'avance, je perds en verve, en originalité, ce que j'acquiers en critique et en goût" (XII, 525, 17-9-46). L'écrivain sevré de toute audace, tombe nécessairement dans le conventionnel. Il devient alors le prisonnier de l'inauthenticité après avoir été l'esclave des règles dictées par le goût. Vu que pour Flaubert toute écriture devrait tendre à l'originalité, il s'ensuit que se soumettre aux normes du goût est à éviter à tout prix. Ceux qui s'y laissent prendre, s'exposent à des effets nuisibles. C'est le cas de Du Camp que Flaubert juge très sévèrement. "C'est surtout le sentiment et le goût qui dominent en lui" (XII, 552, 14-10-46), écrit-il à Louise Colet. Sentimentalisme et conformisme, tels sont ses défauts majeurs, marques indubitables de faiblesse et signes révélant un manque fondamental. Dans la vision flaubertienne le goût devient toujours plus fortement l'antipode de l'originalité. Comme il est essentiel pour l'écrivain de rester soi-même, de ne pas se dénaturer, surtout en faveur de conceptions figées et de règles convenues, Flaubert déplore vivement que "l'imagination reste stationnaire et le goût grandi[sse]. Voilà le malheur," mande-t-il à Mlle Leroyer de Chantepie (XIII, 611/12, 4-11-57). A Ernest Feydeau, il dit qu'"On ne gagne rien à faire des concessions, à s'émonder, à se dulcifier, à vouloir plaire" (XIV, 71, 19-6-61).

La finesse est une autre forme de la subtilité en littérature. A l'encontre du colossal et de l'excessif, elle est une caractéristique négative. Flaubert y voit une simplification à outrance et non la complexité, la précision dans l'exécution ou la perspicacité qui sont normalement associés à cette qualité.

La caractère unilatéral et même simpliste de la finesse, comme du goût, en constitue pour Flaubert une de ses tares principales. C'est pourquoi il se plaint des "gens de goût, . . . gens à enjolivements, à purifications, . . . ceux qui font des manuels d'anatomie pour les dames, de la science à la portée de tous, du sentiment coquet et de l'art aimable" (XIII, 314, 27-3-53); et raille, en 1852, le "fin Sainte-Beuve" (XIII, 167, 16-2-52).

Si le goût, en tant qu'ensemble de théories esthétiques prises comme modèle, est nuisible à l'art, ceux que Flaubert appelle avec sarcasme "les gens de goût" sont encore plus nocifs. Dès 1852 il ne cesse de s'en prendre à ces "prétendus classiques," "destinés par la nature à être professeurs de sixième" (XIII, 242, 1/2-10-52) et qui s'érigent en juges de la littérature.

> Les gens de goût . . . changent, grattent, enlèvent, et ils se prétendent classiques, les malheureux! (XIII, 314, 27-3-53)

> J'avais oublié de te parler de Cuvillier-Fleury. Quel crétin! Quelle école que celle des Cuvillier, Saint-Marc Girardin, Nisard, les prétendus gens de goût, les prétendus classiques, braves gens qui sont peu braves. . . . Voilà pourtant ce qui nous juge! (XIII, 242, 1/2-10-52)

A l'arrogance ils mêlent l'incompétence et le manque de courage qui dérive de leur enlisement dans la convention. Le goût est finalement réduit à un ramassis de banalités et de clichés dont les critiques sont les meilleurs exemples. Flaubert n'est pas étonné par conséquent que les commentaires sur *Rodogune et Théodore,* faits par Voltaire au nom d'une esthétique de la finesse, soient en fait "une immonde chose" (XIII, 193, 15/16-5-52). "Est-ce bête! Et c'était pourtant un homme d'esprit. Mais l'esprit sert de peu de chose dans les arts, à empêcher l'enthousiasme et nier le génie, voilà tout" (XIII, 193, 15/16-5-52). Les principes esthétiques établis, comme la critique, dérivent de la "manie du rabaissement" que Flaubert considère comme "la lèpre morale de son époque." Entre le goût et l'originalité, il n'est donc plus question de compromis puisqu'il voit en celui-là le pouvoir destructeur qui la menace.

Ce n'est qu'en se libérant de ces critères que l'écrivain peut atteindre la perfection. C'est d'ailleurs ce qui se passe dans le cas des grandes œuvres qui toutes offensent le goût, mais à des degrés divers. "[Les grands écrivains] sont forts en dépit de toutes les fautes et à cause d'elles" (XIII, 241, 25-9-52). "Les grands hommes arrivent aisément à l'effet en dehors de l'Art même. Quoi de plus mal bâti que bien des choses de Rabelais, Cervantès, Molière ou d'Hugo?" (XIII, 316, 27-3-53). "Les très grands hommes écrivent souvent fort mal, et tant mieux pour eux" (XIII, 241, 25-9-52). "Les grands génies" n'ont pas à écrire "raisonnablement" comme le prescrivait La Bruyère (XIII, 316, 27-3-53). Flaubert pourchasse encore une autre facette de la subtilité dans le maniérisme. Tenant du raffinement et de la pose, il en est d'autant plus condamnable.

12

Cohérence / Désintégration

Exagération et cohérence ne sont pas contradictoires puisque dans l'esthétique flaubertienne, l'exagération doit être "proportionnée, harmonique à elle-même" (XIII, 361, 14/15-6-53). C'est que la notion de cohérence réside au cœur de toutes les qualités littéraires et elle en est un des pivots essentiels. "L'unité, l'unité, tout est là!" (XII, 553, 14-10-46), écrit-il. En effet Flaubert considère la cohérence comme un concept si fondamental qu'il l'exige à tous les niveaux, que ce soit à celui des personnages, de l'intrigue, du style jusqu'à la plus simple métaphore ou de l'œuvre dans son ensemble. Elle est une composante aussi élémentaire que la force, et comme dans ce cas-là, sans elle il n'y a pas d'art. Flaubert va même plus loin en affirmant que l'art tire sa puissance de sa cohérence interne. Celle-ci constitue donc la clé de voûte des commentaires critiques de la *Correspondance*.

L'homogénéité intrinsèque d'une œuvre dérive de deux facultés principales: savoir condenser et être capable de généraliser. Flaubert attache une grande importance à la densité d'un texte. C'est pourquoi il déplore l'éparpillement d'un Victor Hugo dont les œuvres, à son goût, sont trop longues de moitié (XIII, 417, 30-9-53). Flaubert exhorte aussi Louise Colet ou Feydeau à ne pas succomber à la dispersion mais au contraire à "serrer" leur texte. Baudelaire est un des rares écrivains chez qui il goûte une écriture dense. Dès ses premières réflexions esthétiques, Flaubert est profondément convaincu que la concision d'une œuvre constitue un des garants de son harmonie. En 1846 déjà, il expose longuement à Louise Colet que "l'imagination est plutôt une faculté qu'il faut . . . condenser pour lui donner de la force, qu'étendre pour lui donner de la longueur. Paillettes d'or légères comme de la paille et volatiles comme la poussière, mes idées ont plutôt besoin d'être mises à la presse que passées au laminoir" (XII, 544, 4-10-46).

La densité et l'harmonie, deux qualités inséparables s'entremêlent finalement au point de s'équivaloir. C'est pourquoi Flaubert s'insurge contre Gautier qui préconise qu'il ne faut pas être harmonieux. En suivant un tel précepte, l'écrivain sape le fondement même de son œuvre. Pour la même raison Flaubert considère qu'en rédigeant *La Paysanne*, Louise Colet a composé une excellent œuvre. "Tu as condensé et réalisé sous une forme *aristocratique*, une histoire commune et dont le fond est à tout le monde. Et c'est là, pour moi, la vraie marque de la force en littérature" (XIII, 371, 2-7-53), lui mande-t-il.

Flaubert observe à propos de *Don Quichotte,* que les grands génies "résument en un type des personnalités éparses et apportent à la conscience du genre humain des personnages nouveaux" (XIII, 241, 25-9-52). Il va même jusqu'à affirmer que ce qui "distingue les grands génies, c'est la généralisation" (XIII, 241, 25-9-52). Flaubert requiert donc de l'écrivain que celui-ci conçoive des personnages exemplaires et non des individus exceptionnels. Une telle exigence tient à sa vision essentialiste de la littérature. "L'Art n'est pas fait pour peindre les exceptions" (XIV, 315, 5/6-12-66), déclare-t-il, mais pour créer des types. Ceux-ci, par leur généralité, auront plus de chance d'atteindre l'universel et de saisir ainsi le vrai jusque dans son essence.

La généralisation ne devrait pas être limitée aux personnages mais s'étendre à l'œuvre toute entière, puisqu'on "est vrai qu'à force de généraliser," comme Flaubert l'explique à Ernest Chesneau (XIV, 423, 6 ou 7-68) en commentant son ouvrage critique *Peinture, sculpture. Les notions rivales dans l'art.* C'est en cela que la littérature aurait intérêt à imiter les sciences. "Le roman, selon moi, doit être scientifique, c'est-à-dire rester dans les généralités probables" (XIV, 329, 2-67). "L'impartialité de la peinture atteindrait alors à la majesté de la loi,—et à la précision de la science!" (XIV, 434, 10-8-68).

Flaubert voit dans le calme une autre manifestation de la cohérence. C'est une caractéristique éminemment positive, mais il la mentionne peu dans la *Correspondance,* et en parlant des écrivains (XIV, 353, 5-67) et non des œuvres. Il y a une exception. Critiquant le style de *La Révolution* de Michelet il s'exclame: "point de plan, point d'art. Ce n'est pas clair, c'est encore moins calme" (XIII, 408, 12-9-53). Taine et George Sand sont les meilleurs exemples de ce calme que Flaubert envie. "C'est un homme [Taine] moderne; moi, je suis un fossile. Il est plein de calme et de raison. Moi, un rien me trouble et m'agite. Donc je l'envie profondément" (XIV, 427, 5-7-68). "Quelle nature! Quelle force! . . . Elle [Sand] vous communique quelque chose de sa sérénité" (XIV, 426, 5-7-68). "Heureux . . . les gens calmes et forts" (XIV, 353, 5-67).

A l'encontre de la cohérence Flaubert découvre partout la désintégration. Il y voit toujours plus un symptôme de son époque, un épiphénomène de la Bêtise ambiante qui l'obsède par son omniprésence. L'absence de cohérence, dans l'art, n'est pas seulement la marque d'une œuvre médiocre, elle est aussi le germe de sa destruction ultérieure.

On peut distinguer trois étapes de la désintégration, dont la fragmentation constitue la première et la plus bénine. Flaubert la pourchasse très vigoureusement à travers la littérature contemporaine, tout d'abord au niveau de la structure de l'œuvre. Aussi fait-il parfois grief à Michelet de ne pas avoir de plans, comme dans *La Révolution* (XIII, 408, 12-9-53). En outre il porte

Cohérence / Désintégration 85

sur *La Bible de l'humanité* le jugement critique suivant: "Ce qu'il y a d'atroce dans ce . . . livre, c'est le procédé fragmentaire" (XIV, 221, 11-64). La composition est en effet un facteur essentiel dans la réussite d'une œuvre (XIV, 423, 6 ou 7-68 et XIII, 408, 12-9-53). Celle-ci n'est possible qu'en utilisant un plan précis, vraie épine dorsale qui permet aux personnages, aux dialogues et à l'intrigue de s'enchaîner dans un mouvement continu. Ce n'est pas le cas du *Tigre* de Leconte de Lisle, où Flaubert décèle une composition "peu serrée," des bons vers "disséminé[s]," un "tissu généralement lâche" et de nombreuses confusions de plan (XIII, 323, 6-4-53). Alors que cette fragmentation, chez la plupart des écrivains, n'est qu'un lapsus, si grave soit-il, chez Musset, par contre, c'est sa seule manière d'écrire. Il n'est capable que de "décousu" et Flaubert lui reproche d'avoir eu "de beaux jets, de beaux cris, voilà tout" (XIII, 199, 30-5-52). Lorsque la fragmentation atteint le style, elle en détruit la continuité. Or Flaubert l'exige au sein même du style, entre les dialogues, les discours intérieurs des personnages et le récit proprement dit (XIII, 440, 18-12-53). C'est cette rupture dans le mouvement continu qui est à la base d'innombrables objections qu'éveille en lui la lecture des poèmes de Louise Colet.

Musset, que sa poésie fragmentaire condamne à la médiocrité, est largement supérieur à Lamartine qui lui incarne la dissolution absolue. Aussi est-il accusé d'avoir répandu partout ses langueurs, ses torpeurs et ses incantations qui par leur relâchement anéantissent la littérature. "C'est une détestable poésie, *inane,* sans souffle intérieur" (XIII, 342, 17-5-53), s'exclame Flaubert. Il nie toute cohérence chez Lamartine soit en ce qui concerne le style, la structure des œuvres ou leur sujet. Le relâchement et la dissolution sont les deux autres aspects de la désintégration. Bien que le premier soit moins désastreux que le second, Flaubert les emploie indifféremment. Il déplore par exemple, que "tout se dissout maintenant par le *relâchement*" (XIII, 457, 15/16-1-54). Le thème de la dissolution littéraire est évidemment lié à celui du liquide, tout en mettant davantage l'accent sur la négation de l'art que représente une œuvre littéraire où triomphe la désintégration.

13

Mâle / Femelle

Les critères de la critique flaubertienne se concentrent en un ensemble restreint de notions primordiales. Celles-ci, à leur tour, se structurent autour d'un double pôle: mâle et femelle. Cette paire oppositive est de loin la plus importante de la vision flaubertienne. Cela se manifeste d'une part, par la fréquence avec laquelle elle apparaît dans le texte, que ce soit explicitement ou non, d'autre part par le rôle capital qu'elle y joue. Ces deux pôles investissent en effet toutes les catégories déjà discutées ainsi que les traits qui en découlent. Un sens aigu de valeur est lié à cette polarisation originelle. La virilité en littérature est invariablement valorisée et les éléments dont elle se compose en bénéficient automatiquement. Inversement, tout ce qui appartient, en art, à la féminité est discrédité. Cette conception, qui n'est pas toujours explicite, constitue le noyau de la critique flaubertienne. Elle exerce également une fonction de champ magnétique. L'élément le plus insignifiant, lorsqu'il est lié à la catégorie de la virilité, est absorbé et spontanément valorisé. Par contre, la moindre imperfection qui pourrait tenir à la féminité pâtit de son association au défaut premier.

La dichotomie mâle/femelle est si fondamentale qu'elle est partout présente dans l'élaboration des principaux thèmes critiques. C'est ainsi que Flaubert distingue les écrivains "virils" des "efféminés." Il a recours à une troisième catégorie qu'on pourrait nommer les androgynes. Il s'agit là avant tout d'écrivains de sexe féminin que Flaubert ne peut rejeter automatiquement dans le camp des efféminés, vu qu'elles ont écrit d'excellentes œuvres ou qu'elles font preuve de qualités littéraires qu'il a nettement catégorisées comme viriles. Il est évident que la virilité d'une œuvre n'est que très peu en corrélation avec le sexe de son auteur. La majorité des écrivains efféminés sont des hommes, et Flaubert reconnaît à certains poétesses des qualités mâles.

La race des mâles en littérature est infiniment plus restreinte que son opposé. Seuls Zola et Hugo, qui parmi les écrivains du XIXe siècle sont d'ailleurs les deux que Flaubert admire profondément, appartiennent pleinement et sans la moindre réserve de la part de Flaubert, à l'ultime catégorie, celle de la virilité littéraire. Il n'est par conséquent pas étonnant que ce soit à Zola que Flaubert adresse, en 1878, le compliment suprême: "Vous êtes ung mâle. Mais ce n'est pas d'hier que je le sais" (XVI, 43, 4-78). Pour Flaubert, le *g* de "ung," par sa connotation de robustesse paysanne, ne fait qu'accentuer le caractère viril de sa déclaration. Alphonse Daudet est le seul autre écrivain, dans toute la *Correspondance,* qu'il complimente de la même manière. Après avoir lu *Le Nabab,* il écrit à son auteur: "Quoi qu'il en soit, mon bon, vous pouvez vous frotter les mains et vous regarder dans la glace en vous disant: 'Je suis un mâle!'" (XVI, 19, 21-11-77). Dans ce cas Flaubert n'est pas aussi sincère qu'à propos de Zola, comme le prouve la lettre qu'il envoie à Tourgueniev deux semaines plus tard. "Je pense absolument comme vous sur *Le Nabab!* C'est disparate. Il ne s'agit pas seulement de voir, il faut arranger et fondre ce que l'on a vu" (XVI, 24, 8-12-77). Dans le cas de Victor Hugo, Flaubert ne mentionne jamais sa virilité aussi explicitement. Mais tous les attributs du poète mènent inéluctablement à cette conclusion. Parmi les écrivains étrangers, Shakespeare, sans aucun doute, appartient à la catégorie des écrivains mâles. Après avoir lu un roman de Tolstoï, Flaubert est tenté d'inclure celui-ci dans la race des mâles comme le suggère son commentaire à Tourgueniev, en 1880, à propos de *Guerre et Paix*:

> Merci de m'avoir fait lire le roman de Tolstoï. C'est de premier ordre. . . . Les deux premiers volumes sont *sublimes.* . . . Il me semble qu'il a parfois des choses à la Shakespeare. Je poussais des cris d'admiration pendant cette lecture. . . . Parlez-moi de *l'auteur.* Est-ce son premier livre? En tout cas il a des *boules*! Oui! c'est bien fort! bien fort! (XVI, 296, 21-1-80)

De toutes les qualités déjà étudiées, participant de la virilité à des degrés divers, ce sont le courage, l'exagération et la force qui sont les plus représentatives. Cette dernière est de loin la plus importante; c'est sur elle que repose la croyance en une virilité artistique. Le principe mâle, comme la force, comprend deux pôles: une haute capacité intellectuelle et une vitalité physique. Flaubert parle des deux mais il le fait rarement dans l'abstrait, plutôt à propos d'exemples concrets. C'est ainsi, qu'il loue "la poigne" de Zola (XV, 305, 3-6-74) ou s'exclame avec admiration: "vous êtes un gaillard" (XV, 305, 3-6-74) Il utilise le même terme pour Hugo: "quel gaillard" (XVI, 14, 10-11-77). Après avoir lu *Les Deux Chemins* du comte René de Maricourt, il commente: "il a le biceps saillant. . . . Son livre a des parties énergiques et viriles. On y sent ce qui est la première des choses: une individualité" (XIV, 330, 2-67). Le style idéal, qu'il décrit à Louis de Cormenin comme repoussoir à celui de Sainte-Beuve, est la meilleure approximation de ce qu'il entend par virilité. "J'aime par-dessus tout la phrase nerveuse, substantielle, claire, au muscle saillant, à la peau bistrée: j'aime les phrases mâles et non les phrases femelles, comme celles de Lamartine" (XII, 437, 7-6-44). Flaubert prône le style mâle "aux muscles saillants, cambrés, et dont le talon sonne" (XIII, 186, 24-4-52); ou affirme encore: "j'aime les œuvres . . . où l'on voit les muscles à travers le linge et qui marchent pieds nus" (XIII, 400, 26-8-53). Le style dont Flaubert cherche ainsi à cerner les caractéristiques, est de toute évidence comparé à un cheval, symbole privilégié des vertus mâles. Les attributs de ce style sont le rythme, la précision du langage, "le muscle saillant" et la cambrure qui chez Flaubert ne signifie pas l'apprêt ou le manque de simplicité mais plutôt la posture noble du cheval. Style "cambré" et "muscle saillant" évoquent une énergie bridée, qui sous-tend le texte. "J'ai aujourd'hui rudement chevauché ma plume" (XIII, 419, 12-10-53), écrit-il à Louise Colet. La littérature en effet, est pour Flaubert, un cheval fougueux que l'écrivain ne maîtrise que grâce à son énergie. "Humilié par devers moi de la rétivité de ma plume. Il faut la gouverner comme les mauvais chevaux qui refusent. On les serre de toute sa force, à les étouffer, et ils cèdent" (XIII, 407, 12-9-53). Pour exprimer la virilité, Flaubert utilise encore une autre métaphore: le sang. Se plaignant de la littérature contemporaine, il observe, par exemple: "il faut avoir avant tout du sang dans les phrases" (XIII, 487, 22-4-54).

Sang, muscle et cheval sont les mots clés, auxquels Flaubert revient sans cesse lorsqu'il tente d'appréhender la virilité littéraire. C'est au nom de ce même principe, que le plus grand compliment qu'il puisse adresser à une femme, est de la traiter en homme, comme il le fait avec George Sand, Louise Colet, Amélie Bosquet, Mme Régnier (Daniel Darc), Mlle Leroyer de Chantepie ou même sa nièce Caroline. A Louise Colet il écrit par exemple: "je t'aime au contraire parce que tu es très peu une femme" (XIII, 266, 11-12-52); "Toi, tu n'es pas une femme" (XIII, 314, 27-3-53). "La nature, va, s'est trompée en faisant de toi une femme: *tu es du côté des mâles*. Il faut te souvenir de cela toujours, quand quelque chose te heurte, et voir en toi si l'élément féminin ne l'emporte pas. *Poésie oblige*" (XIII, 402, 27-8-53). A Amélie Bosquet il dit à propos de *Jacqueline de Verdon*: "Je vous ai écrit comme à un homme, et je vois que j'ai bien fait" (XIV, 377, 9-67). A Mlle Leroyer de Chantepie, il propose de causer "comme *deux* hommes" (XIII, 570, 30-3-57).

Certains écrivains que l'on pourrait classer sous le signe de l'androgynie, relèvent autant de la virilité que de la féminité: par exemple Michelet, qui dans ses meilleures œuvres, joint le charme à la force. C'est cette union des contraires qui attire Flaubert. George Sand appartient également à cette catégorie, mais seulement pendant ses dernières années lorsque Flaubert la connaît intimement. Auparavant elle représente le paradigme de l'efféminé dans ce qu'il a de plus dégradant pour l'art. Comme pour Michelet, Flaubert voit dans George Sand une fusion de la force et du charme. Il lui écrit par exemple, "ô vous qui êtes du troisième sexe" (XIV, 444, 19-9-68), ou bien:

> Je me demande, moi aussi, pourquoi je vous aime. Est-ce parce que vous êtes un grand homme ou un *être charmant*? (XIV, 324, 23/24-1-67)

> Plus je vous connais, vous, plus je vous admire; comme vous êtes forte! (XIV, 561, 22 ou 29-5-70)

Mâle / Femelle

> Quelle bonne femme vous faites, et quel brave homme! (XIV, 537, 10-12-69)
>
> Votre force me charme et me stupéfie. (XIV, 466, 2-2-69)
>
> Je vous embrasse, . . . chère maître, si grand, si fort et si doux. (XV, 377, 27-3-75)

Mais la grande différence entre l'historien et la romancière consiste en ce que la force de cette dernière n'est que morale. George Sand comme femme est un être viril mais pas en tant qu'écrivain. Dans la vision flaubertienne, il s'agit là d'une distinction capitale. George Sand est "un grand homme" (XIV, 324, 23/24-1-67), un "brave homme" (XIV, 537, 10-12-69), elle a un "tempérament d'Hercule" (XV, 231, 20-7-73), mais sa virilité ne se traduit jamais au niveau de l'écriture. Cette qualité reste un attribut de la compagne avec laquelle il peut parler de littérature et pour laquelle il n'a que des éloges. "Personnellement une femme charmante. Quant à ses doctrines, s'en méfier d'après ses œuvres," conseille-t-il à Feydeau (XIII, 667, 21-8-59). Après la mort de la romancière, il écrit à Mlle Leroyer de Chantepie: "Il fallait la connaître comme je l'ai connue pour savoir tout ce qu'il y avait de féminin dans ce grand homme, l'immensité de tendresse qui se trouvait dans ce génie" (XV, 455, 17-6-76).

Le cas de Louise Colet est différent. Flaubert cherche sans cesse à la viriliser.

> Mais ce qui te déplaît peut-être, c'est justement que je [te] traite comme un homme et non une femme. Tâche un peu d'employer quelque chose de ton esprit dans les rapports que tu as avec moi. (XII, 538, 28-9-46)
>
> Fais-toi une cuirasse secrète composée de poésie et d'orgueil, comme on tressait les cottes de maille avec de l'or et du fer. Tâche d'anéantir ta susceptibilité nerveuse [=féminité]. (XII, 551, 13-10-46)

Et s'il considère que *La Paysanne* est la seule œuvre qu'elle ait vraiment réussie, c'est que là elle a partiellement atteint son but.

> Ta *Paysanne* sera une chose solide. . . .
>   Tu arriveras à la plénitude de ton talent en dépouillant ton sexe, qui doit te servir comme *science* et non comme expansion. (XIII, 250, 16-11-52)
>
> Ah! enfin! voilà ta *Paysanne* bonne; sois-en sûre. J'avais bien raison d'être sévère, j'étais convaincu que tu y arriverais. C'est maintenant irréprochable de dessin et virilement mené. (XIII, 275, 29-12-52)

Peu de temps avant leur rupture, Flaubert lui avoue: "j'ai toujours essayé . . . de faire de toi un hermaphrodite sublime" (XIII, 482, 12/13-4-54). C'est qu'il veut absolument la débarrasser de ses caractéristiques féminines, qu'il estime innombrables et qui anéantissent son talent littéraire. C'est uniquement en abjurant sa féminité qu'elle peut parvenir à la vraie littérature.

> Pour faire de la littérature étant femme, il faut avoir été passée dans l'eau du Styx. (XIII, 442, 23-12-53)

> Laisse donc là ton sexe comme ta patrie, ta religion et ta province. On doit être âme le plus possible, et c'est par ce détachement que l'immense sympathie des choses et des êtres nous arrivera plus abondante. (XIII, 402, 27-8-53)

Aussi l'exhorte-t-il à faire une œuvre "asexuée." "J'attends pour t'admirer sans réserve," lui dit-il, "que tu nous aies écrit un conte où il ne soit pas question d'amour, une œuvre insexuelle, *in-passionnelle!*" (XIII, 440, 18-12-53).

Dès l'adolescence, Flaubert est fasciné par l'androgynie, comme le prouve un passage tiré de *Par les Champs et par les grèves* rédigé en 1847. Là, à propos de portraits qu'il a vus à Chenonceau, Flaubert évoque celui de Mme de Staël par Gérard, ce qui l'amène à penser à George Sand. "Chez toutes ces femmes à moitié hommes, la spiritualité ne commence qu'à la hauteur des yeux. Le reste est resté dans les instincts du sexe," commente-t-il (X, 44).

> Je ne parlerais plus de toutes ces belles dames, si le grand portrait de Mme Deshoulières, en grand déshabillé blanc, debout . . . ne m'avait rappelé par le caractère infaillible de la bouche, qui est grosse, avancée, charnue et charnelle, la brutalité du portrait de Mme de Staël par Gérard. Quand je le vis . . . à Coppet . . . je ne pus m'empêcher d'être frappé par ces lèvres rouges et vineuses, par ses narines larges, reniflantes, aspirantes. La tête de George Sand offre quelque chose d'analogue. (X, 44)

Son attitude ne change pas fondamentalement au fil des ans. Il gardera toujours une part de désinvolture et d'imprécision lorsqu'il parle des critères sexuels en littérature.

A l'élite littéraire de type mâle, Flaubert oppose donc la masse qui elle s'embourbe dans l'écriture femelle. Les écrivains auxquels il fait explicitement le reproche de la féminité sont très nombreux, tels Stendhal, Lamartine, Musset, Sainte-Beuve, Louise Colet ou George Sand. En plus il s'en prend chez beaucoup d'autres à des défauts qui font nettement partie de l'élément femelle en art, comme c'est le cas pour Béranger, Leconte de Lisle ou les Goncourt. Pour Flaubert, la féminité est le négatif fidèle de son opposé. Par conséquent toutes les qualités liées à la virilité se transforment en autant de défauts nuisibles à l'art. La tare première est évidemment la faiblesse, avec toutes ses manifestations artistiques. L'esprit et le goût constituent les deux autres éléments les plus néfastes pour l'écrivain. En recensant les auteurs "femelles," on a donc affaire à une longue litanie qui attaque leur conception artistique et qui considère sa transposition dans l'écriture comme un crime envers l'art.

George Sand, à l'époque où Flaubert ne la connaît pas encore personnellement, incarne cette tare, poussée à son paroxysme. Il s'insurge violemment contre les œuvres de la romancière parce qu'il estime qu'elles lui servent à glorifier sa féminité. Or les femmes sont "'la désolation du juste'" (XIV, 444, 19-9-68). Chez George Sand "on sent les fleurs blanches" (XIII, 250, 16-11-52). Flaubert est outré qu'elle utilise ses romans comme instrument privilégié de l'expression du moi. Cet abus du but de la littérature, le fait que "l'Art ne doit servir de chaire à aucune doctrine sous peine de déchoir" (XIV, 179, 23-10-63), se répercute dans un style "lâche" que Flaubert considère comme pitoyable. Il déclame par conséquent contre les effusions affectives, le lyrisme larmoyant et le socialisme édifiant qu'il trouve partout dans les œuvres de George Sand. C'est ainsi qu'il fait part à Bouilhet de l'indignation que lui cause journellement l'*Histoire de ma vie* qui paraît alors en feuilleton. Il fait grief à George Sand de ne pas écrire avec "la tête" car l'expérience sentimentale comme source d'inspiration est chez elle, un défaut majeur et dont il essaie de libérer Louise Colet. Inlassablement il exhorte cette dernière à s'affranchir du joug que ses doctrines politico-sociales et son asservissement à l'écriture femelle (c'est-à-dire lyrique), font peser sur son œuvre.

> [Tes] qualités ont été entravées et le sont encore par deux défauts.... Le premier, c'est le philosophisme, la maxime, la boutade politique, sociale, démocratique.... La seconde faiblesse, c'est le vague, la tendromanie feminine. Il ne faut pas, quand on est arrivé à ton degré, que le linge sente le lait. Coupe donc moi la verrue montagnarde et rentre, resserre, comprime les seins de ton cœur, qu'on y voie des muscles, et non une glande. Toutes tes œuvres jusqu'à présent, à la manière de Mélusine (femme par en haut et serpent par en bas), n'étaient belles que jusqu'à certaine place, et puis le reste traînait en replis mous. (XIII, 327, 13/14-4-53)

> O femme! femme, sois-le donc moins! (XIII, 232, 4-9-52)

Flaubert voit une corrélation très étroite entre le sujet d'une œuvre et le texte proprement dit. Par conséquent un écrivain qui s'adonne au lyrisme, qui appartient pour Flaubert, à la catégorie femelle, sombre inéluctablement dans une écriture lâche, molle, sans structure définie, qui n'est qu'un reflet de la carence au niveau du projet littéraire. En condamnant le style efféminé d'un poète romantique par exemple, c'est donc l'œuvre jusque dans son noyau qu'il attaque. C'est dans le cas de Lamartine que Flaubert va le plus loin dans l'invective dont, périodiquement, il abreuve le poète.

> C'est une détestable poésie, *inane,* sans souffle intérieur. Ces phrases-là n'ont ni muscles, ni sang. (XIII, 342, 17-5-53)

> C'est un esprit eunuque, la couille lui manque. (XIII, 323, 6-4-53)

> Ah! voilà bien mes couillons de l'école de Lamartine! Tas de canailles sans vergogne ni entrailles. (XIII, 331, 20-4-53)

> Je les livre tous les deux [Béranger et Lamartine] aux libéraux et aux femmes sensibles. (XIII, 331, 20-4-53)

> Mais la vérité demande des mâles plus velus que M. de Lamartine. (XIII, 185, 24-4-52)

> Ah! ce sont bien là les hommes de la poésie de Lamartine en littérature et du gouvernement provisoire en politique: phraseurs, poseurs, avaleurs de clair de lune, aussi incapables de saisir l'action par les cornes que le sentiment par la plastique. (XIII, 371, 2-7-53)

Lamartine personnifie donc les pires tares littéraires: l'abondance facile, le manque de rigueur, l'absence de cohérence. Flaubert méprise ses langueurs diffuses, ses vers lâches et ses remarques conventionnelles.

Chez Stendhal également, c'est ce que Flaubert ressent intuitivement comme de la féminité qui le fait rejeter sommairement ce romancier. Les personnages qu'il trouve incompréhensibles le rebutent par leurs velléités, qui dans l'optique flaubertienne, sont des témoignages de faiblesse. Le style n'est pas assez concis pour échapper au reproche de désintégration, symptôme qui pour Flaubert trahit l'efféminé dans l'écriture. Stendhal est catalogué d'emblée comme un artiste appartenant aux "gens de goût" dont la finesse, la subtilité et le maniérisme sont autant de phénomènes dévoilant leur féminité intrinsèque (XIII, 251, 22-11-52).[6]

Avant 1860, c'est-à-dire avant de le fréquenter, Flaubert classe Sainte-Beuve, critique, dans la "race des impuissants," auteur à "phrases femelles" (XII, 437, 7-6-44). En 1852, il le traite de "lymphatique coco" et raille le "fin Sainte-Beuve" (XIII, 167, 16-2-52). Le manque de vitalité et la finesse sont tous les deux des signes infaillibles de la catégorie femelle. Cette appartenance au principe femelle se trahit aussi par le fait qu'il participe de la lymphe, symbole même de la fluidité femelle poussée à son paroxysme. L'hostilité dont Flaubert fait preuve à l'égard de Sainte-Beuve se dissipe progressivement. Alors qu'en 1844 il le hait farouchement (XII, 437, 7-6-44), en 1869 il en fait un frère en l'art. "Soignez-vous bien," lui écrit-il. "Qu'il en reste encore en peu sur la terre, de ceux qui aiment le Beau. Hein! les pauvres amants du style, comme ils s'en vont!" (XIV, 501, 23-7-69). Cet exemple aurait tendance à prouver que lorsque Flaubert déteste un auteur, dans ce cas c'est à la gent critique qu'il en veut, il lui surimpose des caractéristiques négatives, ou en tout cas, amplifie les défauts qu'il découvre.

Musset, qui aux yeux de Flaubert constitue le paradigme de l'inauthenticité (autre symptôme femelle), n'a pas la moindre affinité avec les qualités mâles. Son sentimentalisme et sa pose en sont les causes principales. Elles entravent jusqu'à son écriture, "poésie *parlée*, ... en phrases" (XIII, 217, 5/6-7-52), où Flaubert ne voit que des "exhalaisons d'âme" jetées en vrac. Elles le poussent à l'exaltation du gentil, du charmant et fortifient sa "manie de l'étriqué." Sa plus grande tare, c'est d'avoir "mis en axiomes et pratiqué la 'poésie du cœur,' (double farce à l'usage des impuissants et des charlatans)" (XIV, 14, 11-59). Seule la révolte permet à Musset d'échapper à son total enlisement dans l'écriture femelle. Aussi ses œuvres satiriques sont-elles les seules que Flaubert apprécie. "La force lui a manqué pour devenir un maître" (XIII, 199, 30-5-52). Musset est avec Lamartine l'écrivain le plus embourbé dans une fausse conception de l'art, qui va de la conviction qu'il suffit de souffrir pour chanter (XIII, 213, 26/27-6-52) à l'usage imprécis des mots et d'une syntaxe lâche.

Même des écrivains comme les Goncourt sont soupçonnés de faillir parfois aux principes de la virilité. Flaubert ne les en accuse jamais explicitement, mais en les traitant d'anges auprès de la princesse Mathilde, "ils sont gentils comme des anges et spirituels comme des diables" (XIV, 251, 10-65), lui écrit-il, il donne clairement à entendre qu'eux aussi sont coupables de féminité littéraire (même si la princesse elle-même ne pouvait discerner l'insinuation). Ceci est à rapprocher des reproches qu'il adresse à George Sand d'être "trop angélique, trop bénisseuse" (XV, 254, 9-73). Le trait angélique relève, de toute évidence, de la féminité et est ainsi inéluctablement dévalorisé. L'admonestation suivante à Louise Colet en est encore une preuve de plus:

Je n'aime pas les six premiers vers.

Aux anges de ta vie

pas d'ange! pas d'ange! Ce sont tous ces mots-là qui donnent des chloroses au style. (XIII, 223, 22-7-52)

En outre, lorsque Flaubert commente les œuvres des Goncourt, il fait grand usage des épithètes "charmant, gentil, exquis" (XIV, 33, 5-60; XIV, 74, 15-7-61; ou XIV, 196/97, 2 ou 3-64). On les retrouve pratiquement à propos de chaque nouvel ouvrage que publient les Goncourt. Or sauf dans leur cas, il est extrêmement rare que Flaubert ait recours à ces adjectifs. De telles qualités ne sont d'ailleurs pas compatibles avec un idéal littéraire mâle car les trois évoquent la délicatesse, l'insignifiance et la faiblesse, qui sont toutes des formes de l'efféminé en art.

Leconte de Lisle appartient aussi, par certains traits au camp des efféminés. Mais il possède également des caractéristiques viriles telles que son amour de l'excessif (XIII, 315, 27-3-53) et son indifférence au succès (XIII, 356, 6/7-6-53). Flaubert déplore chez lui un manque de courage et de vitalité littéraires, "le *cœur* lui manque" (XIII, 379, 15-7-53); ce qui se traduit par une absence de relief, de couleur, d'originalité et une pauvreté de la langue (XIII, 356, 6/7-6-53). Le côté "sanguin et mâle" lui fait défaut. Flaubert se plaint que "son encre est pâle. C'est une muse qui n'a pas assez pris l'air" (XIII,

379, 15-7-53). Ses vers ne sont pas assez concis, l'ensemble pas assez précis et cohérent, "mauvais plans" (XIII, 356, 6/7-6-53), "le bon vers est disséminé, le tissu généralement lâche, la composition des pièces peu serrée" (XIII, 323, 6-4-53). Il s'intéresse trop à l'aspect externe, renonçant ainsi à sonder la profondeur (XIII, 470, 2/3-3-54).

Si un axe mâle/femelle sépare, pour Flaubert, la littérature en deux pôles irréconciliables, cela est en partie dû à sa misogynie invétérée. Il écrit à George Sand:

> Quelle idée avez-vous donc des femmes? . . . Est-ce qu'elles ne sont pas, comme a dit Proudhon, "la désolation du juste"? Depuis quand peuvent-elles se passer de chimères? (XIV, 444, 19-9-68)

On trouve d'innombrables exemples de misogynie dans la *Correspondance* où il exprime avec véhémence son mépris pour ce qu'il considère comme l'élément typiquement féminin. Celui-ci se définit d'abord par son accablante infériorité qui découle de son attirance pour la superficialité et de son absence de sens artistique, qui sont des conséquences de son aveuglement devant la vérité et son indifférence foncière au Beau.

> Par cette disposition naturelle à loucher, elles ne voient pas le vrai quand il se rencontre, ni la beauté là où elle se trouve. Cette infériorité . . . est la cause des déceptions dont elles se plaignent tant! Demander des oranges aux pommiers leur est une maladie commune. (XIII, 186/87, 24-4-52)

Finalement Flaubert perçoit "le femelle" comme la parfaite négation de tout ce qui lui tient à cœur.

> Les femmes, qui ont tant aimé, ne connaissent pas l'amour pour avoir été trop préoccupées; elles n'ont pas un appétit *désintéressé* du Beau. Il faut toujours, pour elles, qu'il se rattache à quelque chose, à un but, à une question pratique. Elles écrivent pour se satisfaire le cœur, mais non par l'attraction de l'Art. (XII, 492, 12-8-46)

> Les femmes, qui ont le cœur trop ardent et l'esprit trop exclusif, ne comprennent pas cette religion de la beauté, abstraction faite du sentiment. Il leur faut toujours une cause, un but. (XII, 480, 6-8-46)

Cette polarisation sexuée s'inscrit d'autre part dans la doxa phallocratique du XIXe siècle. Elle adhère au discours médical de l'époque sur l'infériorité physique et mentale du sexe faible. La féminité y est perçue comme une infirmité dont on peut discerner les symptômes dans les dimensions réduites du corps et de la boîte cranienne de la femme.[7] On retrouve cette sexualisation dans la perception historique de Michelet où justice, construction et énergie participent du principe mâle alors que caprice, mollesse et même stérilité sont définis comme appartenant au principe femelle.[8]

La vision phallique qui veut que le diffus et la coulée soient nécessairement des attributs féminins opposés au tranchant masculin était très répandue au XIXe siècle. L'antiféminisme particulièrement virulent sous le Second Empire[9] fournit à Flaubert un réseau de métaphores qui lui permet d'exemplifier l'envers de son idéal esthétique.

14

Artiste / Poète

A la paire oppositive mâle/femelle en correspond une autre, qui l'englobe. Il s'agit du clivage artiste/poète. Celui-ci est fondamental dans la pensée flaubertienne bien qu'il en soit rarement question explicitement dans la *Correspondance*. Il imprègne tellement sa manière de penser la littérature et de juger ses contemporains, qu'il est naturel que Flaubert ne sente pas le besoin de le proclamer tout haut. Si en recensant les mots clés et les leitmotive, on arrive inexorablement à la conclusion que les qualités mises en lumière dans les commentaires critiques participent du principe mâle, et les défauts dénoncés dans la *Correspondance*, du principe femelle, c'est que cette paire investit toutes les autres. C'est à plus forte raison aussi le cas pour l'ultime opposition, artiste/poète, qui vient se greffer sur les précédentes. On y retrouve les caractéristiques du système bi-polaire complet; en premier lieu, un sens aigu de valeur, avec un pôle servant à l'autre de contretype. La dichotomie mâle/femelle, en partie grâce à ses racines subconscientes, constitue l'épine dorsale soutenant l'ensemble des conceptions critiques chez Flaubert. La paire artiste/poète, par contre, est plutôt une conséquence de cette polarisation, sa formulation en termes littéraires. Tout se passe comme si, pour Flaubert, le principe mâle/femelle prenait forme en tant qu'artiste en ce qui concerne les traits virils, avec ce que cela implique nécessairement, et en tant que poète en ce qui concerne l'élément efféminé.

L'artiste hérite donc les innombrables qualités présentes dans chaque membre positif de la série d'équations qui viennent d'être discutées. Ainsi la persévérance, l'originalité, la révolte, l'impersonnalité, la haine, l'exagération ou la cohérence, pour ne mentionner que quelques vertus littéraires parmi d'autres, sont l'apanage de l'artiste. Flaubert emploie indifféremment artiste ou écrivain. Cette catégorie comprend les prosateurs ainsi que les versificateurs. En effet la distinction ne s'établit pas d'après un schéma prose/poésie mais selon un axe de valeur: bonne ou mauvaise littérature. L'artiste est donc celui qui écrit une œuvre qui correspond aux critères flaubertiens d'excellence. Flaubert ne s'intéresse à la distinction prose/poésie que dans sa jeunesse, à l'époque où il admire la poésie lyrique avec ferveur et donnerait tout Michelet et Montesquieu pour un poème d'Horace ou de Hugo.

Vivent les poètes, vivent ceux-là qui nous consolent dans les mauvais jours, qui nous caressent, qui nous embrassent! Il y a plus de vérité dans une seule scène de Shakespeare, dans une ode d'Horace ou de Hugo, que dans tout Michelet, tout Montesquieu, tout Robertson. (XII, 356/57, 31-5-39)

Plus tard Flaubert est convaincu qu'un bon texte de prose devrait avoir la cohérence et la densité du vers et inversement. Il va jusqu'à affirmer, à l'époque de la rédaction de *Madame Bovary,* que le vers "par lui-même, est si commode à déguiser l'absence d'idées! ... Ainsi la comparaison la plus inaperçue dans une phrase de prose peut fournir tout un sonnet" (XIII, 417, 30-9-53). Quant à la prose, elle exige plus de densité; "art plus immatériel (qui s'adresse moins aux sens), ... a besoin d'être bourrée de choses et *sans qu'on les aperçoive*. ... Il y a beaucoup de troisièmes et quatrièmes plans en prose" (XIII, 417, 30-9-53), alors qu'il doute qu'il devrait y en avoir en poésie.

A l'encontre de l'artiste, le poète est donc l'incarnation de l'élément femelle, sous toutes ses facettes, la facilité, la pose, le conformisme, le lyrisme, la finesse, la fragmentation et toutes les tares que Flaubert a associées à la féminité littéraire. Il n'est donc pas étonnant qu'il déplore chez Louise Colet la tendance à poétiser la réalité. "Si tu savais combien de fois j'ai souffert de cela en toi, combien de fois j'ai été blessé de la poétisation de choses que j'aimais mieux à leur état simple" (XIII, 174, 27-3-52). Irrité par les projets littéraires dont Louise Colet lui fait part, il lui demande: "pourquoi prendre l'éternelle figure insipide du poète?" (XIII, 174, 27-3-52).

Lorsque Flaubert dit de Leconte de Lisle qu'il est "plus poète qu'artiste" (XIII, 323, 6-4-53), cette affirmation a un plus grand poids que l'on pourrait le supposer au premier abord. Avec ces mots il l'exclut de la catégorie des bons écrivains, même s'il tempère son jugement avec la remarque suivante: "mais c'est un vrai poète et de noble race" (XIII, 323, 6-4-53).

Au classement artiste/poète, Flaubert ajoute parfois une troisième catégorie encore plus dégradante: l'homme. C'est ainsi que parlant du "poète" par excellence, Musset, il dit à Louise Colet: "Musset est plus poète qu'artiste, et maintenant beaucoup plus homme que poète—et un pauvre homme" (XIII, 216, 5/6-7-52). Il lui refuse par conséquent même la classification de poète avec toutes les tares qu'implique une telle classe.

Comparant le lyrisme de Musset à la recherche d'une pureté de la forme chez Gautier, Flaubert s'exclame: "ce ne sont pas les poètes qui restent mais les écrivains" (XIII, 240, 25-9-52). S'il doit choisir entre les deux sortes d'auteurs, Flaubert n'hésite pas. A la limite, seuls les écrivains, c'est-à-dire les artistes, créent une œuvre durable et dont l'immortalité est due à la recherche de la perfection.

La publication de la correspondance de Balzac attriste Flaubert qui est profondément choqué par les soucis mesquins que ces lettres révèlent. Il reproche à Balzac de ne s'occuper que d'argent et de lui-même, cherchant la gloire et non le Beau, prouvant par là son peu d'amour de l'Art. Aussi le déclasse-t-il, notant qu'il "n'était ni un poète, ni un écrivain, ce qui ne l'empêchait pas d'être un grand homme" (XV, 506, 11-76). Balzac est ainsi relégué dans la dernière catégorie, mais un tel jugement ne rend pas justice à ce que Flaubert pensait des romans balzaciens. En affirmant que Balzac est un "immense bonhomme, mais de second rang" (XV, 520, 31-12-76), Flaubert est plus fidèle à l'opinion qu'il a du romancier, que les préoccupations extra-littéraires empêchent de rester un vrai artiste.

Flaubert exclut encore un autre écrivain du XIXe siècle de la catégorie artiste/poète. C'est ainsi qu'il refuse à Béranger toute appartenance "à la race des poètes . . . c'est un bourgeois, un boutiquier," dit-il, ce qui dans l'échelle des valeurs flaubertiennes est encore bien inférieur à la classe des "hommes."

Conclusion
Théorie et pratique

La théorie esthétique flaubertienne et son attitude critique, malgré leurs divergences apparentes, forment un tout cohérent. L'esthétique, chez Flaubert, peut se réduire à un ensemble de principes, pris en grande partie au classicisme, et dans une moindre mesure, au romantisme. Il s'agit d'une superstructure empruntée. Plus précisément, Flaubert a glané des éléments avec lesquels il construit, surtout entre 1840 et 1854, des préceptes d'après lesquels il a choisi de composer son œuvre. Cet idéal artistique, de type essentialiste, tire une grande part de sa justification d'un modèle néo-platonicien, où l'Art a remplacé le Bien et est donc basé sur des présupposés qui ne sont pas originaux. Il s'agit d'une vision de la littérature partagée par de nombreux écrivains du XIXe siècle, dont Baudelaire et Gautier. L'originalité flaubertienne tient au lien entre la théorie et la pratique critique, qui est pourtant une pratique humorale, apparemment incohérente. Sous l'aspect du discontinu de ses réactions de tempérament, on parvient à retrouver une continuité de la pensée esthético-critique. Flaubert prétend même que c'est "l'innéité," c'est-à-dire l'instinct, qui lui permet de découvrir la qualité littéraire. Ses commentaires révèlent en tout cas un système de référence qui n'est pas toujours à un niveau conscient. Prenant fréquemment sa source à un niveau viscéral, la critique, chez Flaubert, trahit des obsessions qui se révèlent dans des leitmotive et des mots clés tels que le sang, le suintement ou le cheval. En étudiant la critique flaubertienne sous cet angle on parvient à établir une cohérence dans sa pensée critique. On observe également que ses réactions de tempérament dévoilent finalement un schéma qui épouse son credo esthétique en de nombreux points.

C'est ainsi que l'on retrouve l'idéal mystique avec sa part inéluctable de martyre dans l'art vu comme labeur atroce, comme souffrance et dans l'acceptation d'un masochisme nécessaire à la réalisation artistique.

Aux aspects du Beau néo-platonicien que Flaubert préconise, c'est-à-dire harmonie, calme mais aussi excès, correspondent les catégories critiques primordiales de la cohérence et de l'exagération.

L'importance capitale, dans le cas du style, de la composition, du plan, et de la structure du texte, et l'obsession du "fil et des perles," se résorbent dans la catégorie de la cohérence, qui récupère également les moyens techniques de l'écriture, concision, densité et homogénéité, tels qu'ils se reflètent au niveau de l'unité de ton et des métaphores rigoureuses.

Mais la relation entre théorie et pratique ne prend tout son sens, que dans la récupération de l'esthétique que représente son exaltation viscérale de l'artiste. Si Flaubert, dans ses exhortations esthétiques, préconise un culte de l'art en tant que structure opposée et même transcendante à la vie, ce n'est qu'en tant que critique humoral qu'il intègre ce précepte. C'est ainsi que l'on retrouve le culte de l'art sous une autre forme dans la dichotomie fondamentale entre artiste et poète. Il est donc logique que la catégorie qui incarne toutes les qualités littéraires qu'il a définies comme mâles soit celle de l'artiste; c'est-à-dire de celui qui s'est pleinement consacré à cette vision de l'art comme centre absolu et but suprême, point de convergence et de rayonnement. Le poète, par contre, parce qu'il participe de la vie, est exclu de l'art et représente, par conséquent, la quintessence de tous les types d'écrivains que Flaubert abhorre.

Certains concepts critiques telles que la révolte ou même la notion fondamentale de force, n'ont pas de fondement dans l'esthétique. C'est que la critique flaubertienne est d'une beaucoup plus grande richesse que son esthétique. L'originalité de Flaubert se manifeste au moment où sa théorie est mise en acte, que ce soit dans la pratique critique ou créatrice. Les éléments esthétiques qu'il a glanés parmi ses contemporains sont fructifiés par sa critique qui permet de dégager les lignes de force de sa pensée.

En outre, des textes qui apparemment n'avaient pas de sens, peuvent être ainsi déchiffrés; par exemple le passage où Flaubert déclare, en janvier 1852, à Louise Colet: "Il y a pour toi, en mon âme, des bénédictions mouillées. . . . Les affections qui suintent goutte à goutte de votre cœur finissent par y faire des stalactites" (XIII, 159, 16-1-52). Ce n'est qu'en sachant que l'élément aqueux, chez Flaubert, a une très forte connotation péjorative que l'on peut pleinement saisir ce que signifie le fait qu'il envisage son amour sous la forme d'un liquide. En le cristallisant en "stalactites," Flaubert cherche inconsciemment à le valoriser puisqu'en participant ainsi du dur, il échappe à la condamnation liée à tout ce qui est humide.

Ce travail permet aussi de réfuter le constat d'illogisme de la pensée de Flaubert, fait par d'éminents flaubertistes. "Le caractère fondamental de la pensée esthétique de Flaubert est le disparate des idées qu'il exprime," écrit P. M. Wetherill,[1] alors que E. L. Ferrère disait: "sans doute sa pensée s'est souvent reportée avec complaisance sur les mêmes idées, mais il ne s'est jamais préoccupé de coordonner et de subordonner ces idées afin d'en faire un tout logique."[2] Le caractère disparate des idées de Flaubert n'implique nullement un manque de cohérence. Les éléments épars de sa critique littéraire fusionnent en un tout homogène dont la clé nous est donnée par son emploi extensif de l'image, que P. M. Wetherill considère comme abusif, reprochant

Conclusion

à Flaubert qu'étant "trop pressé pour pouvoir donner à sa pensée la forme analytique dont elle aurait besoin, il donne constamment dans les métaphores . . . semble s'intéresser plus à l'image qu'à la pensée qu'il exprime en s'en servant" (pp. 59-60). Les images, en effet très nombreuses dans la *Correspondance*, loin de nous égarer, trahissent les véritables critères dont se sert Flaubert dans ses commentaires critiques. Contrairement à la métaphore utilisée dans ses œuvres, qui elle est très contrôlée et moins fréquente,[3] celle qui surgit dans les lettres est parfaitement spontanée car l'échange épistolaire, chez Flaubert, remplit une fonction orale. Il ne rédige pas un texte mais fige sur le papier des conversations, souvent à bâtons rompus. En outre, l'élément subconscient de ces images nous garantit leur authenticité.

Chez Flaubert, la pensée critique, en dépit du foisonnement de ses contradictions et de ses incohérences apparentes, et malgré son caractère tempéramentiel, se fonde sur un ensemble homogène de critères qui récupèrent en partie les théories qu'il s'était imposées dès 1840. La catégorisation femelle/mâle, Flaubert l'emprunte au discours phallocratique de son époque. Ce qui est par contre original et significatif, c'est sa distinction poète/artiste où il oppose le mythe romantique du poète inspiré au mythe réaliste de l'écrivain comme travailleur acharné devant créer un monde parallèle et plus vrai que le réel.

APPENDICE

CORRESPONDANCE FLAUBERTIENNE

1830-80
3762 lettres
184 correspondants

TABLEAU DES PRINCIPAUX CORRESPONDANTS

1830-47

	1830-39	1840	1841	1842	1843	1844	1845	1846	1847
Chevalier	48	7	11	11	4	6	4	4	4
Colet	...	...	...	...	...	...	...	67	28
L. de Cormenin	...	...	...	...	...	1	...	...	...
Du Camp	...	...	...	...	...	...	...	5	...
Gourgaud-Dugazon	...	...	...	1	...	...	...	...	...
Le Poittevin	1	...	...	...	...	...	...	9	5	...
Pradier	...	...	...	...	...	...	...	1	...
E. Vasse	...	...	...	1	1	...	1	5	...
frère	...	...	...	...	...	1	...	...	...
grand-mère	2	...	...	...	...	...	...	...	...
mère	...	...	...	1	...	...	...	...	...
père	...	...	...	1	...	...	...	...	...
sœur	...	3	...	11	20	...	3	...	...

Tirée des *Œuvres complètes* de Flaubert, éditées par Maurice Bardèche et publiées en 16 volumes, par le Club de l'Honnête Homme (Paris, 1971-75).

TABLEAU DES PRINCIPAUX CORRESPONDANTS–*Suite*

1848-53

	1848	1849	1850	1851	1852	1853
Bouilhet	...	1	9	3	3	6
Chevalier	3	1	...	1	2	1
Dr. Cloquet	...	...	2	...	...	...
Colet.	3	...	...	15	56	84
Du Camp	2	...	...	2	2	...
J. Duplan.	...	...	...	...	3	...
Gautier	...	...	1	...	...	...
Gourgaud-Dugazon .	1	...	...	...	...	...
Hugo.	...	...	...	...	...	2
Parain	...	3	3	...	1	1
E. Vasse.	...	...	2	...	...	...
frère	...	1	...	...	...	...
mère	...	18	32	11	...	...

TABLEAU DES PRINCIPAUX CORRESPONDANTS—*Suite*

1854-59

	1854	1855	1856	1857	1858	1859
H. Aïdé	...	...	...	1	...	...
E. Augier	...	...	1	...	...	...
Baudelaire	...	...	...	5	...	...
Baudry	...	1	1	3	5	...
A. Bosquet	...	...	...	...	...	1
Bouilhet	8	17	21	4	3	...
Champfleury	...	...	...	1	...	...
Charles-Edmond	...	...	...	1	...	...
Chevalier	...	...	1	...	...	...
Dr. Cloquet	...	...	...	1	...	...
Colet	22	1	...	...	...	...
E. Crépet	...	...	...	4	...	...
E. Delattre	...	...	...	2	1	1
Du Camp	...	...	...	...	...	...
J. Duplan	1	...	5	15	4	5
Feydeau	...	...	...	10	11	23
Gautier	...	...	1	1	1	...
Genettes	...	...	4	1	...	...
Hugo	...	...	...	...	...	...
Leroyer	...	...	...	9	7	4
Lévy	...	...	...	8	1	...
L. Pichat	...	...	2	...	...	...
Sainte-Beuve	...	...	...	1	...	...
Sandeau	...	...	...	...	1	2
frère	...	...	...	9	...	...
nièce	...	...	1	2	3	2

TABLEAU DES PRINCIPAUX CORRESPONDANTS—*Suite*

1860-65

	1860	1861	1862	1863	1864	1865
A. Bardoux	...	...	2	3	...	1
Baudelaire	2	...	2	...	...	...
Baudry	1	...	6	...	...	...
A. Bosquet	2	5	5	2	3	1
Bouilhet	7	...	1	1	...	...
Charles-Edmond . . .	1	...	...	...	2	3
Chevalier	...	1	...	...	1	1
Dr. Cloquet	1	...	1	...	...	...
E. Crépet	2	1	...	...	...	...
Du Camp	1	...	...	...	...	...
E. Duplan	...	...	6	...	...	...
J. Duplan	3	10	20	15	12	10
Feydeau	8	8	4	1	2	1
Gautier	1	...	5	4	...	...
Genettes	4	...	2	...	7	...
Goncourt	9	7	10	16	7	17
Leroyer	2	3	3	2	1	2
Lévy	...	2	24	10	...	...
Maricourt	...	...	...	...	...	1
princ. Mathilde	...	...	...	...	...	7
Michelet	...	3	...	1	1	...
G. Pouchet	...	...	...	...	...	5
Renan	...	...	1	...	...	...
Sainte-Beuve	...	...	4	2	1	1
Saint-Victor	1	...	5	...	2	1
Sand	...	...	...	1	2	...
Sandeau	2	2	2	3	1	1
Taine	...	...	...	1	1	2
Tourgueniev	...	...	...	2	...	1
mère	...	...	...	...	...	1
nièce	...	5	11	7	22	18

TABLEAU DES PRINCIPAUX CORRESPONDANTS—*Suite*

1866-71

	1866	1867	1868	1869	1870	1871
A. Bosquet.......	4	6	2	...	...	...
Bouilhet	...	2	...	...	...	...
Brainne.........	...	...	...	...	...	4
Charles-Edmond ...	2	...	...	...	...	...
Chevalier........	2	1	1	...	...	...
E. Crépet........	...	3	...	...	...	...
Dù Camp........	...	...	...	2	3	...
Dumas fils	...	...	...	...	1	...
J. Duplan........	12	16	12	20	...	...
Feydeau	2	4	3	2	2	6
Fovard	4	5	3	4	...	...
Gautier.........	...	...	...	...	...	1
Genettes	2	...	...	1	3	8
Goncourt........	7	11	9	9	5	9
Laporte.........	2	...	...	...	1	...
Leconte de Lisle ...	...	...	...	...	...	1
Leroyer.........	2	...	5	1	1	...
Lévy...........	...	...	...	16	2	...
princ. Mathilde	8	14	21	14	5	13
Michelet	...	1	1	1	...	...
Renan..........	1	...	...	...	...	2
Sainte-Beuve......	2	2	1	2	...	...
Sand...........	21	21	25	33	32	13
Sandeau.........	...	2	...	...	...	...
Taine	3	...	1	1	1	1
Tourgueniev......	...	...	3	4	2	7
Zola	...	...	...	...	...	2
mère...........	1	...	...	1	...	6
nièce...........	22	16	18	23	28	44

TABLEAU DES PRINCIPAUX CORRESPONDANTS—*Suite*

1872-77

	1872	1873	1874	1875	1876	1877
Brainne.........	20	5	6	11	14	12
Charpentier......	1	5	20	2	1	20
Daudet.........	1	...	1	1	1	2
Du Camp........	1	...	...	...	...	3
Dumas fils.......	1	...	...	...	...	...
Feydeau........	5	3	...	...	...	...
A. France.......	...	...	...	...	1	...
Gautier.........	5	...	...	...	...	...
Genettes........	7	5	9	10	11	12
Goncourt........	5	4	1	3	3	4
Hérédia.........	...	...	1	...	...	1
Hugo...........	...	1	...	...	...	...
Laporte.........	6	8	20	10	18	33
Leconte de Lisle ...	...	...	...	...	...	1
Leroyer.........	1	...	...	...	1	...
Lévy...........	17	...	...	...	...	...
princ. Mathilde....	14	8	5	3	7	6
Maupassant......	1	1	1	3	8	8
Renan..........	...	...	1	...	5	...
Sand...........	24	15	13	11	6	...
Taine..........	...	1	1	2	...	...
Tourgueniev......	11	13	7	9	12	20
Zola...........	...	...	8	1	5	3
nièce...........	38	34	39	25	27	27

TABLEAU DES PRINCIPAUX CORRESPONDANTS—*Suite*

1878-80

	1878	1879	1880
Banville	. . .	. . .	1
Brainne	12	18	4
Charpentier	3	16	8
F. Coppée	1	. . .	1
Daudet	. . .	2	. . .
Du Camp	1	5	2
A. France	. . .	1	. . .
Genettes	8	12	5
Goncourt	4	12	3
Hennique	1	. . .	1
Hérédia	2	2	. . .
Huysmans	. . .	1	. . .
Laporte	40	38	. . .
Leconte de Lisle . . .	1	. . .	. . .
princ. Mathilde	9	20	2
Maupassant	13	20	20
Taine	5	1	. . .
Tourgueniev	15	25	4
Zola	8	7	3
nièce	14	65	27

Notes

Avant-propos

¹ Voir: D. L. Demorest, *L'Expression figurée et symbolique dans l'œuvre de Gustave Flaubert* (Paris: Conard, 1931).
E. L. Ferrère, *L'Esthétique de Gustave Flaubert* (Paris: Conard, 1913).
Hélène Frejlich, *Flaubert d'après sa correspondance* (Paris: Société Française d'Editions Littéraires et Techniques, 1933).

² Voir: Louis Gardner Miller, *Index de la Correspondance de Flaubert*, Précédé d'une Etude sur Flaubert et les grands poètes romantiques, Diss. Strasbourg 1934 (Strasbourg: Imprimerie des Dernières Nouvelles, 1934).
Tony Hubert Servais, *Gustave Flauberts Urteile über die französische Literatur in seiner "Correspondance"* (Münster: Westfallen Vereinsdruck, 1936). Résumé systématique des commentaires critiques de Flaubert sur plus d'une centaine d'écrivains de l'Antiquité au XIXe siècle.
Charles Carlut, *La Correspondance de Flaubert, Etude et répertoire critique* (Paris: Nizet, 1968). Excellent répertoire de citations tirées de la *Correspondance*, facilitant le classement des idées exprimées par Flaubert. Ouvrage précédé d'une très courte étude sur Flaubert (62 pages sur 820).

³ 1964, chez Nizet.

⁴ P. 13.

Commentaires critiques

¹ Voir note bibliographique.

² La lettre à Maxime Du Camp, datée du 6 ou 7 mai 1880, dont nous n'avons qu'un fragment n'est pas considérée comme authentique par Edouard Maynial (XVI, 362).

³ Voir tableau des correspondants dans l'Appendice.

⁴ Bouilhet, Sainte-Beuve, Jules de Goncourt, Théophile Gautier, Jules Duplan, Feydeau et sa mère.

⁵ "N'importe! même dans un jour de défaillance, à un de ces lugubres moments où les bras vous tombent de fatigue, quand on se sent impuissant, triste, usé, nébuleux comme le brouillard et froid comme les glaçons qui craquent, on bénit la vie, cependant, s'il vous arrive une sympathie comme la vôtre, un livre comme *La Mer*. Alors tout s'oublie, et de ce haut plaisir il reste peut-être une force nouvelle, un énergie plus longue" (XIV, 62, 26-1-61).

⁶ XIII, 172, 20/21-3-52; XIII, 167, 16-2-52; XIII, 359, 14/15-6-53; et XII, 437, 7-6-44.

Première partie: Théorie esthétique

¹ René Bray, *La Formation de la doctrine classique en France* (1927; rpt. Paris: Nizet, 1966), p. 148.

² Bray, p. 148.

³ J-P. Sartre, *L'Idiot de la famille* (Paris: Gallimard, 1971-72), III, 664.

⁴ *Les Châtiments*: "le fond du livre est bête, car c'était la France, le peuple, qu'il fallait engueuler" (XIV, 409, 3-68).

⁵ L'admiration pour Béranger est un des critères par lesquels Flaubert peut juger un homme au premier regard et être convaincu de sa nullité.

⁶ "Le labeur et le salaire me semblent deux choses tellement loin l'une de l'autre, tellement disproportionnées que leur rapport m'échappe!" (XIV, 256, 11-65).

⁷ *Sœur Philomène*: "narration, déduction des faits, enchaînement général; vous n'avez ni une digression, ni une répétition, chose rare et excellente" (XIV, 72, 8-7-61). *Renée Mauperin*: "Comme ça s'enchaîne! Quel mouvement!" (XIV, 196, 2 ou 3-64). *Germinie Lacerteux*: "la gradation des effets, la progression psychologique. Cela est atroce d'un bout à l'autre, et sublime, par moments, tout simplement" (XIV, 224, 16-1-65). "Je remarque en vous une qualité nouvelle, à savoir l'enchaînement naturel des faits" (XIV, 74, 15-7-61).

⁸ Tout particulièrement en 1852 pour *La Paysanne*, Pradier, *Les Résidences royales*. Voilà des exemples de métaphores inexactes qu'il relève dans *La Paysanne*: "*les ailes qui ont des ruines,*" "*la douleur d'airain qui marche*" (XIII, 330, 20-4-53).

⁹ Pour consoler sa nièce des difficultés auxquelles elle est en proie à propos de sa peinture, il lui rappelle, en 1877, que "[l]'histoire des Arts n'est qu'un martyrologue" (XVI, 23, 4-12-77).

¹⁰ "Les très belles œuvres . . . sont sereines d'aspect et incompréhensibles. . . . Cela est sans fond, infini, multiple. . . . Et cependant quelque chose de singulièrement doux plane sur l'ensemble! . . . c'est calme! et c'est fort" (XIII, 399, 26-8-53).

Notes

Deuxième partie: Attitude critique

1 "Je me demande à quoi bon grossir le nombre des médiocres (ou gens de talent; c'est synonyme)" (XIII, 150, 11-51).

2 Voir partie I, chapitre 2, Vrai et Beau.

3 "L'illusion . . . vient au contraire de *l'impersonnalité* de l'œuvre. C'est un de mes principes, qu'il ne faut pas *s'écrire*" (XIII, 567, 18-3-57).

4 Pour une excellente analyse de la mollesse dans la thématique flaubertienne, voir J-P. Richard, *Littérature et sensation* (Paris: Seuil, 1954), pp. 119-64.

5 J-P. Richard parle "de la faiblesse liquéfiante provoquée par l'amour" (p. 129) qui se traduit par "des métaphores de fluidité et de liquidité" (p. 134).

6 Selon P. M. Wetherill "le mépris pour Stendhal est très conformiste et coïncide avec la période d'oubli relatif que . . . les œuvres de Stendhal connurent entre 1842 et les environs de 1880" (*Flaubert et la création littéraire* [Paris: Nizet, 1964], pp. 142-43). La haine de Flaubert pour Stendhal est beaucoup plus fondamentale, car elle est liée à la distinction primordiale du principe mâle/femelle.

7 Voir de nombreux articles dans *Romantisme,* 13-14 (1976), entre autres "Mythes et représentations de la femme au XIXe s.," pp. 57-66, 67-75.

8 Louis Devance parle de la fantasmatique philosophique de l'histoire chez Michelet dans son article "Femme, famille, travail et morale sexuelle dans l'idéologie de 1848," *Romantisme,* 13-14 (1976), 95.

9 "L'Antiféminisme sous le Second Empire," *Romantisme,* 13-14 (1976), 167-82.

Conclusion

1 *Flaubert et la création littéraire,* p. 54.

2 *L'Esthétique de Gustave Flaubert* (Paris: Conard, 1913), p. 27.

3 Voir l'étude sur la fréquence des images chez Flaubert de D. L. Demorest, *L'Expression figurée et symbolique dans l'œuvre de Gustave Flaubert,* pp. 604-09.

Bibliographie

Œuvres de Gustave Flaubert

Flaubert, Gustave. *Lettres à George Sand.* Paris: Charpentier, 1884.

_____. *Œuvres complètes.* 4 vols. Paris: Conard, 1910.

_____. *Correspondance.* 9 vols. Paris: Conard, 1916.

_____. *Correspondance* dans *Œuvres complètes.* Vols. IX-XII. Paris: Edition du Centenaire, 1921.

_____. *Lettres à sa nièce Caroline.* Paris: Charpentier, 1922.

_____. *Correspondance* dans *Œuvres complètes.* 9 vols. Paris: Conard, 1926-33.

_____. *Correspondance.* 4 vols. Paris: Librairie de France, 1928.

_____. *Lettres de Grèce.* Paris: Editions du Péplos, 1948.

_____. *Lettres inédites.* Publiées par Auriant. Sceaux: Palimurge Editeur, 1948.

_____. *Lettres inédites à Raoul-Duval.* Commentées par Georges Normandy. Paris: Albin Michel, 1950.

_____. *Correspondance.* Supplément. 4 vols. Paris: Conard, 1954.

_____. *Extraits de la Correspondance ou Préface à la vie d'écrivain.* Présentation et choix de Geneviève Bollème. Paris: Seuil, 1963.

_____. *Œuvres complètes.* Paris: Seuil, 1964.

_____. *Œuvres complètes.* 18 vols. Lausanne: Société Coopérative Editions Rencontre, 1964.

_____. *Lettres inédites à son éditeur Michel Lévy.* Présentées par Jacques Suffel. Paris: Calmann-Lévy, 1965.

_____. *Les Lettres d'Egypte d'après les manuscrits autographes.* Edition critique par Antoine Youssef Naaman. Paris: Nizet, 1965.

Flaubert, Gustave. *Œuvres complètes.* [Texte édité par Maurice Bardèche.] 16 vols. Paris: Club de l'Honnête Homme, 1971-75.

_____. *Correspondance.* Edition de la Pléiade établie par Jean Bruneau. 2 vols. parus. Paris: Gallimard, 1973-80.

_____. *Correspondance Flaubert-Sand.* Texte édité et annoté par Alphonse Jacobs. Paris: Flammarion, 1981.

Ouvrages consultés

Albalat, Antoine. *Gustave Flaubert et ses amis.* Paris: Plon, 1927.

Bachelin, Henri. *Portraits d'hier.* Commentaires sur une correspondance de Gustave Flaubert à Ernest Feydeau. Paris: Georges Andrieux, 1928.

Bardèche, Maurice. *L'Œuvre de Flaubert.* Paris: Les Sept Couleurs, 1974.

Barnes, Hazel E. *Sartre and Flaubert.* London and Chicago: The University of Chicago Press, 1981.

Bart, Benjamin F. *Flaubert's Landscape Descriptions.* Ann Arbor: The University of Michigan Press, 1956.

_____. *Flaubert.* Syracuse: Syracuse University Press, 1967.

Bellemin-Noël, Jean. *Vers l'inconscient du texte.* Paris: P. U. F., 1979.

Bem, Jeanne. *Désir et savoir dans l'œuvre de Flaubert.* Neuchâtel: Ed. de la Baconnière, 1979.

Bertrand, Georges-Emile. *Les Jours de Flaubert.* Paris: Editions du Myrte, 1947.

Bertrand, Louis. *Gustave Flaubert.* Paris: Mercure de France, 1912.

Binswanger, Paul. *Die ästhetische Problematik Flauberts: Untersuchung zum Problem von Sprache und Stil in der Literatur.* Frankfurt: Klostermann Verlag, 1934.

Bollème, Geneviève. *La Leçon de Flaubert.* Paris: Julliard, 1964.

Bray, René. *La Formation de la doctrine classique en France.* 1927; rpt. Paris: Nizet, 1966.

Brombert, Victor. *The Novels of Flaubert, A Study of Themes and Techniques.* Princeton: Princeton University Press, 1966.

_____. *Flaubert.* Paris: Seuil, 1971.

Bibliographie

Bruneau, Jean. *Les Débuts littéraires de Gustave Flaubert. 1831-1845.* Paris: A. Colin, 1962.

Carlut, Charles. *La Correspondance de Flaubert. Etude et répertoire critique.* Paris: Nizet, 1968.

_____, ed. *Essais sur Flaubert: En l'honneur du professeur Don Demorest.* Paris: Nizet, 1979.

Colling, Alfred. *Gustave Flaubert.* Paris: Arthème Fayard, 1941.

Culler, Jonathan. *Flaubert: The Uses of Uncertainty.* Ithaca, N. Y., and London: Cornell University Press and Elek Books, Ltd., 1974.

Danger, Pierre. *Sensations et objets dans le roman de Flaubert.* Paris: A. Colin, 1973.

Debray-Genette, Raymonde. *Flaubert.* Paris: Didier, 1970.

Demorest, D. L. *L'Expression figurée et symbolique dans l'œuvre de Gustave Flaubert.* Paris: Conard, 1931.

Descharmes, René. *Flaubert, sa vie, son caractère et ses idées avant 1857.* Paris: Ferroud, 1909.

Digeon, Claude. *Le Dernier Visage de Flaubert.* Paris: Aubier, 1946.

_____. *Flaubert.* Paris: Hatier, 1970.

Douchin, Jacques. *Le Sentiment de l'absurde chez Gustave Flaubert.* Paris: Minard, 1970.

Dumesnil, René. *Gustave Flaubert: L'Homme et l'œuvre.* Paris: Desclée de Brouwer, 1932.

_____. *La Vocation de Gustave Flaubert.* Paris: Gallimard, 1961.

_____, et D. L. Demorest. *Bibliographie de Gustave Flaubert.* Paris: Giraud-Badin, 1937.

Duquette, Jean-Pierre. *Flaubert ou l'architecture du vide.* Montréal: Presses de l'Université de Montréal, 1972.

Durry, Marie-Jeanne. *Flaubert et ses projets inédits.* Paris: Nizet, 1950.

Ferrère, E. L. *L'Esthétique de Gustave Flaubert.* Paris: Conard, 1913.

Frejlich, Hélène. *Flaubert d'après sa correspondance.* Paris: Société Française d'Editions Littéraires et Techniques, 1933.

Frey, Gerhard Walter. *Die ästhetische Begriffswelt Flauberts.* München: Fink, 1972.

Genette, Gérard. *Figures I.* Paris: Seuil, 1966.

Gothot-Mersch, Claudine, ed. *La Production du sens chez Flaubert*. Colloque de Cerisy (juin 1974). Paris: U. G. E., 1975.

Hardt, Manfred. *Das Bild in der Dichtung*. München: Fink, 1966.

Issacharoff, Michael, ed. *Langages de Flaubert*. Actes du Colloque de London (Canada). Paris: Minard, 1976.

Klingler, Margrit. *Beitrag zur Kenntnis des familiären, populären und vulgären Wortschatz in den Briefen Gustave Flauberts*. Diss. Zürich 1942. Frauenfeld: Huber Verlag, 1942.

Lamartine, Alphonse de. *Œuvres complètes*. Paris: Chez l'auteur, 1860.

La Varende, Jean de. *Flaubert par lui-même*. Paris: Seuil, 1951.

Mauron, Charles. *Des métaphores obsédantes au mythe personnel*. Paris: Corti, 1962.

Maynial, Edouard. *La Jeunesse de Flaubert*. Paris: Mercure de France, 1913.

_____. *A la gloire de Flaubert*. Paris: Editions de la Nouvelle Revue Critique, 1943.

Miller, Louis Gardner. *Index de la Correspondance de Flaubert*. Précédé d'une Etude sur Flaubert et les grands poètes romantiques. Diss. Strasbourg 1934. Strasbourg: Imprimerie des Dernières Nouvelles, 1934.

Müller-Lissner, Adelheid. *Sartre als Biograph Flauberts*. Bonn: Bouvier, 1977.

Nadeau, Maurice. *Gustave Flaubert, écrivain*. Paris: Les Lettres Nouvelles, 1969.

Poulet, Georges. *Etudes sur le temps humain I*. Paris: Plon, 1949.

_____. *Les Métamorphoses du cercle*. Paris: Plon, 1961.

Ricardou, Jean. *Nouveaux problèmes du roman*. Paris: Seuil, 1978.

Richard, Jean-Pierre. *Littérature et sensation*. Paris: Seuil, 1954.

Robert, Marthe. *Roman des origines et origines du roman*. Paris: Grasset, 1972.

_____. *En haine du roman*. Etude sur Flaubert. Paris: Balland, 1982.

Rousset, Jean. *Forme et signification*. Paris: Corti, 1962.

Sartre, Jean-Paul. *L'Idiot de la famille*. 3 vols. Paris: Gallimard, 1971-72.

Schöne, Maurice. *La Langue de Flaubert à propos de la Correspondance, langue écrite et langue parlée*. Paris: Ed. d'Artrey, 1946.

Servais, Tony Hubert. *Gustave Flauberts Urteile über die französische Literatur in seiner "Correspondance."* Münster: Westfallen Vereinsdruck, 1936.

Sherrington, R. J. *Three Novels by Flaubert, A Study of Techniques.* Oxford: Clarendon Press, 1970.

Suffel, Jacques. *Flaubert.* Paris: Ed. Universitaires, 1958.

Thibaudet, Albert. *Gustave Flaubert, sa vie, ses romans, son style.* Paris: Plon, 1922.

Tillet, Margaret. *On Reading Flaubert.* London and New York: Oxford University Press, 1961.

Unwin, T. A. *Flaubert et Baudelaire.* Paris: Nizet, 1982.

Van Tieghem, Philippe. *Les Grandes Doctrines littéraires en France.* Paris: P. U. F., 1965.

Wetherill, P. M. *Flaubert et la création littéraire.* Paris: Nizet, 1964.

Wiesner, Gerlind. "Untersuchungen zum Wortschatz von Gustave Flaubert." Diss. Rupert-Karl-Universität 1965.

In the PURDUE UNIVERSITY MONOGRAPHS IN ROMANCE LANGUAGES series the following monographs have been published thus far:

1. John R. Beverley: *Aspects of Góngora's "Soledades."*
   Amsterdam, 1980. xiv, 139 pp. Bound.

2. Robert Francis Cook: *"Chanson d'Antioche," chanson de geste: Le Cycle de la Croisade est-il épique?*
   Amsterdam, 1980. viii, 107 pp. Bound.

3. Sandy Petrey: *History in the Text: "Quatrevingt-Treize" and the French Revolution.*
   Amsterdam, 1980. viii, 129 pp. Bound.

4. Walter Kasell: *Marcel Proust and the Strategy of Reading.*
   Amsterdam, 1980. x, 125 pp. Bound.

5. Inés Azar: *Discurso retórico y mundo pastoral en la "Egloga segunda" de Garcilaso.*
   Amsterdam, 1981. x, 171 pp. Bound.

6. Roy Armes: *The Films of Alain Robbe-Grillet.*
   Amsterdam, 1981. x, 216 pp. Bound.

7. *Le "Galien" de Cheltenham,* edited by David M. Dougherty and Eugene B. Barnes.
   Amsterdam, 1981. xxxvi, 203 pp. Bound.

8. Ana Hernández del Castillo: *Keats, Poe, and the Shaping of Cortázar's Mythopoesis.*
   Amsterdam, 1981. xii, 135 pp. Bound.

9. Carlos Albarracín-Sarmiento: *Estructura del "Martín Fierro."*
   Amsterdam, 1981. xx, 336 pp. Bound.

10. C. George Peale et al. (eds.): *Antigüedad y actualidad de Luis Vélez de Guevara: Estudios críticos.*
    Amsterdam, 1983. xii, 298 pp. Bound.

11. David Jonathan Hildner: *Reason and the Passions in the "Comedias" of Calderón.*
    Amsterdam, 1982. xii, 119 pp. Bound.

PURDUE UNIVERSITY MONOGRAPHS IN ROMANCE LANGUAGES
(Cont.)

12. Floyd Merrell: *Pararealities: The Nature of Our Fictions and How We Know Them.*
    Amsterdam, 1983. xii, 170 pp. Bound.

13. Richard E. Goodkin: *The Symbolist Home and the Tragic Home: Mallarmé and Oedipus.*
    Amsterdam, 1984. xvi, 203 pp. Paperbound.

14. Philip Walker: *"Germinal" and Zola's Philosophical and Religious Thought.*
    Amsterdam, 1984. xii, 157 pp. Paperbound.

15. Claire-Lise Tondeur: *Gustave Flaubert, critique: Thèmes et structures.*
    Amsterdam, 1984. xiv, 119 pp. Paperbound.

16. Carlos Feal: *En nombre de don Juan (Estructura de un mito literario).*
    Amsterdam, 1984. x, 175 pp. Paperbound.

PURDUE UNIVERSITY MONOGRAPHS IN
ROMANCE LANGUAGES, an ongoing series, contains
critical studies dealing with literary or philological
topics as well as critical editions. The books average 200
pages in length, with texts in English, French, or Spanish.
Inquiries concerning the publication of manuscripts should
be sent to the General Editor, William M. Whitby, Dept. of
Foreign Languages & Literatures, Purdue University,
West Lafayette, Ind. 47907 USA.
Orders to: John Benjamins B.V.,P.O.Box 52519,
1007 HA AMSTERDAM, Netherlands.
Customers from North America please order directly from:
John Benjamins North America, Inc.,
One Buttonwood Square
PHILADELPHIA, Pa. 19130 USA